Zonovergoten Smaakreis
Een Culinaire Verkenning van de Mediterrane Keuken

Alessia Rossi

Inhoudsopgave

Linguine met zeevruchten 9

Tomatensaus en gembergarnalen 11

Garnalen en pasta 14

gepocheerde kabeljauw 16

Mosselen in witte wijn 18

dille zalm 20

Milde zalm 22

tune tune 23

zee kaas 24

Gezonde steaks 25

Kruidige zalm 26

Gerookte geglazuurde tonijn 27

knapperige heilbot 28

passende tonijn 29

Verse en warme visfilets 30

O'Mara's mosselen 31

Mediterrane rosbief in een slowcooker 32

Langzaam gegaard Mediterraan rundvlees met artisjokken 34

Dun gebraden in mediterrane stijl in een slowcooker 36

Gehaktbrood uit de slowcooker 38

Mediterrane rundvleesgerechten in slowcooking 40

Mediterrane varkensgebraad 42

vleespizza 44

Rundvlees en bulgur gehaktballetjes 47

Heerlijk rundvlees en broccoli 49

Rundvlees Maïs Chili 50

Balsamico rundvleesgerecht 51

rosbief met sojasaus 53

Gebraden kalfsvlees met rozemarijn 55

Varkenshaasjes en tomatensaus 57

Kip met kappertjessaus 58

Kalkoenburgers met mangosalsa 60

Kruid Geroosterde Kalkoenborst 62

Kippenworst en paprika 64

kip piccata 66

Toscaanse kip in een pan 68

kapama-kip 70

Kipfilet gevuld met spinazie en fetakaas 72

Geroosterde kippendijen met rozemarijn 74

Kip met uien, aardappelen, vijgen en wortelen 75

Kipgyros met tzatziki 77

Moussaka 79

Dijon-varkensfilet en kruiden 81

Biefstuk met rode wijnsaus en champignons 83

Griekse gehaktballetjes 86

lamsvlees met bonen 88

Kip in tomaten- en balsamicosaus 90

Bruine rijstsalade, fetakaas, verse erwten en munt 92

Volkoren pitabroodje gevuld met olijven en kikkererwten 94

Geroosterde wortelen met walnoten en cannellinibonen 96

Pittige Boterkip 98

Dubbele kip met spek en kaas 100

Garnalen met citroenpeper 102

Gepaneerde en gekruide heilbot 104

Zalmcurry met mosterd 106

Zalm met een rozemarijn-walnootkorst 107

Snelle spaghetti met tomaten 109

Gebakken kaas met oregano en chili 111

311. Krokante Italiaanse kip 111

Marokkaanse tajine met groenten 113

Saladewraps met kikkererwten en selderie 115

Gegrilde groentespiesjes 116

Gevulde portobello-champignons met tomaten 118

Verwelkte paardenbloembladeren met zoete uien 120

Groenen en mosterdgroenten 121

Plantaardige tofu-drank 122

eenvoudige zoodles 124

Linzenwraps en tomatenspruitjes 125

Mediterrane groentekom 127

Wrap met geroosterde groenten en hummus 129

Spaanse sperziebonen 131

Rustieke bloemkool- en wortelhasj 132

Gebakken bloemkool en tomaten 133

Geroosterde eikelpompoen 135

Gestoofde spinazie met knoflook 137

Geroosterde knoflookcourgette met munt 138

gestoofde okra 139
Gevulde paprika's met zoete groenten 140
Moussaka van aubergines 142
Wijnbladeren gevuld met groenten 144
Gegrilde auberginerolletjes 146
Krokante courgettebeignets 148
Spinaziemuffins met kaas 150
Komkommer hapjes 152
yoghurtdip 153
tomaten spiesje 154
Tomaat gevuld met olijven en kaas 156
pepertapenade 157
koriander falafel 158
hummus van rode peper 160
Witte bonendip 161
Hummus met lamsgehakt 162
aubergine dip 163
groente beignets 164
Bulgur lamsgehaktballetjes 166
Komkommer hapjes 168
Gevulde avocado 169
verpakte pruimen 170
Gemarineerde feta en artisjokken 171
Tonijnkroketten 173
Rucola van gerookte zalm 176
Gemarineerde olijven met citrusvruchten 177
Olijftapenade met ansjovis 178

Griekse duivelse eieren 180

Manchegan-koekjes 182

Burrata Caprese-stapel 184

Courgette-ricottabeignets met citroen-knoflook-Aioli 186

Gevulde komkommers met zalm 188

Geitenkaas en makreelpastei 190

De smaak van mediterrane vetbommen 192

Avocado-gazpacho 194

Crab Cake Saladebekers 196

Wrap met dragon-sinaasappel-kipsalade 198

Champignons gevuld met fetakaas en quinoa 200

Falafel met vijf ingrediënten en knoflook-yoghurtsaus 202

Citroengarnalen met knoflook-olijfolie 204

Krokante sperziebonenfriet met citroenyoghurtdip 206

Huisgemaakte pitabroodjes met zeezout 208

Gebakken Spanakopita-dip 209

Dip van geroosterde parelui 211

rode pepertapenade 213

Griekse aardappelschil met olijven en fetakaas 215

Platbrood van artisjok en olijven 217

Linguine met zeevruchten

Bereidingstijd: 10 minuten.

Tijd om te koken: 35 minuten

Maaltijden: 2

Moeilijkheidsgraad: moeilijk

Ingrediënten:

- 2 fijngehakte teentjes knoflook
- 4 ons linguine, volkoren
- 1 eetlepel olijfolie
- 14 ons ingeblikte en in blokjes gesneden tomaten
- 1/2 eetlepel gehakte sjalotjes
- 1/4 kopje witte wijn
- Zeezout en zwarte peper naar smaak
- 6 kersenschalen, schoongemaakt
- 4 ons tilapia, in reepjes van 1 inch gesneden
- 4 ons gedroogde Sint-Jakobsschelpen
- 1/8 kop geraspte Parmezaanse kaas
- 1/2 theelepel marjolein, gehakt en vers

Titels:

Breng een pan water aan de kook en kook de pasta gaar, wat ongeveer acht minuten duurt. Giet af en spoel de pasta daarna af.

Verhit de olie in een grote pan op middelhoog vuur en als deze heet is, voeg je de knoflook en de sjalotjes toe. Kook gedurende één minuut, vaak roerend.

Verhoog het vuur tot middelhoog voordat u het zout, de wijn, de peper en de tomaten toevoegt en aan de kook brengt. Kook nog een minuut.

Voeg vervolgens de mosselen toe, dek af en kook nog twee minuten.

Voeg vervolgens marjolein, sint-jakobsschelpen en vis toe. Ga door met koken totdat de vis volledig gaar is en de mosselen opengaan; dit duurt maximaal vijf minuten en verwijder alle mosselen die niet opengaan.

Giet de saus en de mosselen over de pasta en bestrooi met Parmezaanse kaas en marjolein voordat u deze serveert. Serveer warm.

Voedingswaarde (per 100 g): 329 calorieën 12 g vet 10 g koolhydraten 33 g eiwit 836 mg natrium

Tomatensaus en gembergarnalen

Bereidingstijd: 10 minuten.

Tijd om te koken: 15 minuten

Maaltijden: 2

Moeilijkheidsgraad: moeilijk

Ingrediënten:

- 1 1/2 eetlepel plantaardige olie
- 1 teentje knoflook
- 10 zeer grote garnalen, gepeld en staart verwijderd
- 3/4 eetlepel Fingerlings, geraspt en geschild
- 1 groene tomaat, gehalveerd
- 2 pruimtomaatjes, gehalveerd
- 1 eetlepel limoensap, vers
- 1/2 theelepel suiker
- 1/2 eetlepel pitloze jalapeño, vers en gehakt
- 1/2 eetlepel gehakte verse basilicum
- 1/2 eetlepel koriander, gehakt en vers
- 10 spiesjes
- Zeezout en zwarte peper naar smaak

Titels:

Dompel de spiesjes minimaal een half uur in een pan met water.

Meng de knoflook en gember in een kom, doe de helft in een grotere kom en meng er twee eetlepels olie door. Voeg de garnalen toe en zorg ervoor dat ze goed bedekt zijn.

Dek af en laat minstens een half uur in de koelkast staan, daarna in de koelkast.

Verwarm de grill op hoge temperatuur en vet de roosters licht in met olie. Neem een kom en meng de pruimen en groene tomaten met de resterende eetlepel olie, breng op smaak met zout en peper.

Grill de tomaten met de snijkant naar boven, de schil moet verkoold zijn. Het vruchtvlees van de tomaten moet zacht zijn, wat voor kerstomaatjes vier tot zes minuten duurt en voor groene tomaten ongeveer tien minuten.

Verwijder de schil als de tomaten koel genoeg zijn om te hanteren en gooi de zaden weg. Snijd het tomatenvlees fijn en voeg toe aan de achtergehouden gember en knoflook. Voeg suiker, jalapeno, citroensap en basilicum toe.

Breng de garnalen op smaak met zout en peper, rijg ze aan spiesjes en gril ze tot ze glazig zijn, ongeveer twee minuten per kant. Schik de garnalen naar eigen smaak op het bord en geniet ervan.

Voedingswaarde (per 100 g): 391 calorieën 13 g vet 11 g koolhydraten 34 g eiwit 693 mg natrium

Garnalen en pasta

Bereidingstijd: 10 minuten.

Tijd om te koken: 10 minuten

Maaltijden: 2

Moeilijkheidsgraad: gemiddeld

Ingrediënten:

- 2 kopjes gekookte engelenhaarpasta
- 1/2 pond middelgrote garnalen, gepeld
- 1 teentje knoflook
- 1 kopje gehakte tomaten
- 1 theelepel olijfolie
- 1/6 kop Kalamata-olijven, ontpit en in plakjes gesneden
- 1/8 kop basilicum, vers en in dunne plakjes gesneden
- 1 eetlepel kappertjes, uitgelekt
- 1/8 kop fetakaas, verkruimeld
- een snufje zwarte peper

Titels:

Kook de pasta volgens de aanwijzingen op de verpakking en verwarm vervolgens de olijfolie in een koekenpan op middelhoog vuur. Kook de knoflook een halve minuut en voeg dan de garnalen toe. Bak nog een minuut.

Voeg de basilicum en de tomaten toe en zet het vuur laag en laat het drie minuten sudderen. Je tomaten moeten zacht zijn.

Voeg olijven en kappertjes toe. Voeg een snufje zwarte peper toe en meng met het garnalen-pastamengsel om te serveren. Bestrooi met kaas voor het serveren.

Voedingswaarde (per 100 g): 357 calorieën 11 g vet 9 g koolhydraten 30 g eiwit 871 mg natrium

gepocheerde kabeljauw

Bereidingstijd: 10 minuten.

Tijd om te koken: 25 minuten

Maaltijden: 2

Moeilijkheidsgraad: gemiddeld

Ingrediënten:

- 2 kabeljauwfilets, 6 oz
- Zeezout en zwarte peper naar smaak
- 1/4 kopje droge witte wijn
- 1/4 kop zeevruchtenbouillon
- 2 teentjes knoflook, gehakt
- 1 laurierblad
- 1/2 theelepel salie, vers en gehakt
- 2 takjes rozemarijn ter garnering

Titels:

Begin met het voorverwarmen van de oven op 375 graden en breng de steaks op smaak met zout en peper. Leg ze in een braadpan en voeg de soep, knoflook, wijn, salie en laurier toe. Dek goed af en bak vervolgens twintig minuten. Uw vis zou moeten schilferen als u hem met een vork test.

Verwijder elke filet met een spatel, plaats de vloeistof op hoog vuur en kook tot de helft is ingekookt. Dit duurt tien minuten en je moet vaak roeren. Serveer besprenkeld met het stroperige vocht en gegarneerd met een takje rozemarijn.

Voedingswaarde (per 100 g): 361 calorieën 10 g vet 9 g koolhydraten 34 g eiwit 783 mg natrium

Mosselen in witte wijn

Bereidingstijd: 5 minuten.

Tijd om te koken: 10 minuten

Maaltijden: 2

Moeilijkheidsgraad: moeilijk

Ingrediënten:

- 2 pond. Levende, verse mosselen
- 1 kopje droge witte wijn
- 1/4 theelepel fijn zeezout
- 3 teentjes knoflook, gehakt
- 2 theelepels sjalotten, in blokjes gesneden
- 1/4 kopje peterselie, vers en gehakt, verdeeld
- 2 eetlepels olijfolie
- 1/4 citroen, sap

Titels:

Neem een zeef, maak de mosselen schoon en spoel ze af onder koud water. Gooi alle mosselen weg die niet sluiten wanneer ze worden geraakt, en gebruik vervolgens een schilmesje om de baard van elke mossel te verwijderen.

Haal de pan eruit, zet hem op middelhoog vuur en voeg de knoflook, sjalotjes, wijn en peterselie toe. Laten we koken. Zodra het kookt, voeg je de mosselen toe en dek je af. Laat ze vijf tot zeven minuten koken. Zorg ervoor dat ze niet te gaar worden.

Haal ze eruit met een schuimspaan en doe het citroensap en de olijfolie in de pan. Meng goed en giet de bouillon over de mosselen voordat u ze serveert met de peterselie.

Voedingswaarde (per 100 g): 345 calorieën 9 g vet 18 g koolhydraten 37 g eiwit 693 mg natrium

dille zalm

Bereidingstijd: 10 minuten.

Tijd om te koken: 15 minuten

Maaltijden: 2

Moeilijkheidsgraad: gemiddeld

Ingrediënten:

- 2 zalmfilets, elk 6 ons
- 1 eetlepel olijfolie
- 1/2 mandarijn, sap
- 2 theelepels sinaasappelschil
- 2 eetlepels dille, vers en gehakt
- Zeezout en zwarte peper naar smaak

Titels:

Verwarm de oven voor op 375 graden en verwijder vervolgens twee stukken aluminiumfolie van tien centimeter uit de oven. Bestrijk de filets aan beide kanten met olijfolie en kruid ze vervolgens met peper en zout. Leg elke filet op een stuk aluminiumfolie.

Besprenkel elk stuk met sinaasappelsap en bestrooi met sinaasappelschil en dille. Sluit de verpakking, zorg ervoor dat er vijf centimeter luchtruimte in de folie zit zodat je vis kan stomen en plaats hem dan in de ovenschaal.

Bak gedurende vijftien minuten voordat u de pakjes opent en overbrengt naar twee serveerborden. Giet de saus over elk gerecht voordat je het serveert.

Voedingswaarde (per 100 g): 366 calorieën 14 g vet 9 g koolhydraten 36 g eiwit 689 mg natrium

Milde zalm

Bereidingstijd: 8 minuten.

Tijd om te koken: 8 minuten

Maaltijden: 2

Moeilijkheidsgraad: Gemakkelijk

Ingrediënten:

- Zalm, 6 ons filet
- Citroen, 2 plakjes
- Kappertjes, 1 eetlepel
- Zeezout en peper, 1/8 theelepel
- Extra vierge olijfolie, 1 eetlepel

Titels:

Zet een schone pan op middelhoog vuur en laat 3 minuten koken. Doe olijfolie op een bord en bedek de zalm volledig. Kook de zalm in een pan op hoog vuur.

Bestrooi de zalm met de overige ingrediënten en draai hem aan elke kant om. Merk op wanneer beide zijden bruin zijn. Het kan 3-5 minuten duren voor elke pagina. Zorg ervoor dat de zalm gaar is door hem met een vork te testen.

Serveer met partjes citroen.

Voedingswaarde (per 100 g): 371 calorieën 25,1 g vet 0,9 g koolhydraten 33,7 g eiwit 782 mg natrium

tune tune

Bereidingstijd: 20 minuten.

Tijd om te koken: 20 minuten

Maaltijden: 2

Moeilijkheidsgraad: Gemakkelijk

Ingrediënten:

- Tonijn, 12 oz
- Groene ui, 1 voor decoratie
- Bulgaarse peper, ¼, gehakt
- Azijn, 1 snuifje
- zout en peper naar smaak
- 1 avocado, gehalveerd en ontpit
- Griekse yoghurt, 2 eetlepels

Titels:

Meng tonijn met azijn, ui, yoghurt, avocado en peper in een kom.

Voeg de kruiden toe, meng en serveer met een groene ui-garnering.

Voedingswaarde (per 100 g): 294 calorieën 19 g vet 10 g koolhydraten 12 g eiwit 836 mg natrium

zee kaas

Bereidingstijd: 12 minuten.

Tijd om te koken: 25 minuten

Maaltijden: 2

Moeilijkheidsgraad: Gemakkelijk

Ingrediënten:

- Zalm, 6 ons filet
- gedroogde basilicum, 1 eetl
- Kaas, 2 eetlepels, geraspt
- 1 gesneden tomaat
- Extra vierge olijfolie, 1 eetlepel

Titels:

Bereid de oven voor op 375 F. Bekleed een bakplaat met aluminiumfolie en bespuit met bakolie. Leg de zalm voorzichtig op de bakplaat en bedek deze met de rest van de ingrediënten.

Laat de zalm 20 minuten bruin worden. Laat vijf minuten afkoelen en doe het op een serveerschaal. Je ziet de dressing in het midden van de zalm.

Voedingswaarde (per 100 g): 411 calorieën 26,6 g vet 1,6 g koolhydraten 8 g eiwit 822 mg natrium

Gezonde steaks

Bereidingstijd: 10 minuten.

Tijd om te koken: 20 minuten

Maaltijden: 2

Moeilijkheidsgraad: Gemakkelijk

Ingrediënten:

- Olijfolie, 1 theelepel
- Heilbotfilets, 8 oz
- Knoflook, ½ theelepel, gehakt
- Boter, 1 eetlepel
- zout en peper naar smaak

Titels:

Verhit een pan en voeg olie toe. Bak de filets in een koekenpan op matig vuur, smelt de boter met knoflook, zout en peper. Voeg de filets toe, meng en serveer.

Voedingswaarde (per 100 g): 284 calorieën 17 g vet 0,2 g koolhydraten 8 g eiwit 755 mg natrium

Kruidige zalm

Bereidingstijd: 8 minuten.

Tijd om te koken: 18 minuten

Maaltijden: 2

Moeilijkheidsgraad: Gemakkelijk

Ingrediënten:

- Zalm, 2 filets zonder vel
- grof zout naar smaak
- Extra vierge olijfolie, 1 eetlepel
- 1 gesneden citroen
- verse rozemarijn, 4 takjes

Titels:

Verwarm de oven voor op 400 F. Bekleed een bakplaat met aluminiumfolie en plaats de zalm erop. Bestrijk de zalm met de overige ingrediënten en bak 20 minuten. Serveer onmiddellijk met partjes citroen.

Voedingswaarde (per 100 g): 257 calorieën 18 g vet 2,7 g koolhydraten 7 g eiwit 836 mg natrium

Gerookte geglazuurde tonijn

Bereidingstijd: 35 minuten.

Tijd om te koken: 10 minuten

Maaltijden: 2

Moeilijkheidsgraad: Gemakkelijk

Ingrediënten:

- Tonijn, 4 ons filets
- Sinaasappelsap, 1 eetl
- Gehakte knoflook, ½ teentje
- Citroensap, ½ theelepel
- Verse peterselie, 1 eetlepel, gehakt
- Sojasaus, 1 eetlepel
- Extra vierge olijfolie, 1 eetlepel
- Gemalen zwarte peper, ¼ theelepel
- oregano, ¼ theelepel

Titels:

Selecteer de mengplank en voeg alle ingrediënten toe, behalve de tonijn. Meng goed en voeg de tonijn toe aan de marinade. Zet dit mengsel een half uur in de koelkast. Verhit een grillpan en gril de tonijn gedurende 5 minuten aan elke kant. Serveer wanneer gekookt.

Voedingswaarde (per 100 g): 200 calorieën 7,9 g vet 0,3 g koolhydraten 10 g eiwit 734 mg natrium

knapperige heilbot

Bereidingstijd: 20 minuten.

Tijd om te koken: 15 minuten

Maaltijden: 2

Moeilijkheidsgraad: Gemakkelijk

Ingrediënten:

- peterselie erop
- Verse dille, 2 eetlepels, gehakt
- Verse bieslook 2 eetlepels gehakt
- Olijfolie, 1 eetlepel
- zout en peper naar smaak
- Zeebaars, filets, 6 oz
- Citroenschil, ½ theelepel, fijn geraspt
- Griekse yoghurt, 2 eetlepels

Titels:

Verwarm de oven voor op 400 F. Bekleed een bakplaat met aluminiumfolie. Doe alle ingrediënten in een breed bord en marineer de filets. Was en droog de filets; doe het dan in de oven en bak gedurende 15 minuten.

Voedingswaarde (per 100 g): 273 calorieën 7,2 g vet 0,4 g koolhydraten 9 g eiwit 783 mg natrium

passende tonijn

Bereidingstijd: 15 minuten.

Tijd om te koken: 10 minuten

Maaltijden: 2

Moeilijkheidsgraad: Gemakkelijk

Ingrediënten:

- Eieren, ½
- Ui, 1 eetlepel, fijngehakt
- groen maken
- zout en peper naar smaak
- Knoflook, 1 teentje, fijngehakt
- Ingeblikte tonijn, 7 oz
- Griekse yoghurt, 2 eetlepels

Titels:

Giet de tonijn af en voeg het ei en de yoghurt met knoflook, zout en peper toe.

Meng dit mengsel met de ui in een kom en vorm er pasteitjes van. Neem een grote pan en bak de burgers 3 minuten aan elke kant. Giet af en serveer.

Voedingswaarde (per 100 g): 230 calorieën 13 g vet 0,8 g koolhydraten 10 g eiwit 866 mg natrium

Verse en warme visfilets

Bereidingstijd: 14 minuten.

Tijd om te koken: 14 minuten

Maaltijden: 2

Moeilijkheidsgraad: Gemakkelijk

Ingrediënten:

- Knoflook, 1 teentje, fijngehakt
- Citroensap, 1 eetl
- Bruine suiker, 1 eetl
- Heilbotfilets, 1 pond
- zout en peper naar smaak
- Sojasaus, ¼ theelepel
- Boter, 1 theelepel
- Griekse yoghurt, 2 eetlepels

Titels:

Verwarm de grill op middelhoog vuur. Meng boter, suiker, yoghurt, citroensap, sojasaus en kruiden in een kom. Verwarm het mengsel in een pan. Gebruik dit mengsel als spread op je steak tijdens het grillen. Serveer warm.

Voedingswaarde (per 100 g): 412 calorieën 19,4 g vet 7,6 g koolhydraten 11 g eiwit 788 mg natrium

O'Mara's mosselen

Bereidingstijd: 20 minuten.

Tijd om te koken: 10 minuten

Maaltijden: 2

Moeilijkheidsgraad: Gemakkelijk

Ingrediënten:

- Kokkels, gewassen en ontbeend, 1 pond
- Kokosmelk, ½ kopje
- Cayennepeper, 1 theelepel
- Vers citroensap, 1 eetl
- Knoflook, 1 theelepel, gehakt
- Vers gehakte koriander als topping
- Bruine suiker, 1 theelepel

Titels:

Meng alle ingrediënten behalve de mosselen in een pot. Verwarm het mengsel en breng aan de kook. Voeg de mosselen toe en kook gedurende 10 minuten. Serveer op een bord met het kookvocht.

Voedingswaarde (per 100 g): 483 calorieën 24,4 g vet 21,6 g koolhydraten 1,2 g eiwit 499 mg natrium

Mediterrane rosbief in een slowcooker

Bereidingstijd: 10 minuten.

Tijd om te koken: 10 uur en 10 minuten

Maaltijden: 6

Moeilijkheidsgraad: gemiddeld

Ingrediënten:

- 3 pond rosbief zonder been
- 2 theelepels rozemarijn
- ½ kopje tomaten, gedroogd en in plakjes gesneden
- 10 geraspte teentjes knoflook
- ½ kopje runderbouillon
- 2 eetlepels balsamicoazijn
- ¼ kopje gehakte Italiaanse peterselie, vers
- ¼ kopje gehakte olijven
- 1 theelepel citroenschil
- ¼ kopje kaasgrutten

Titels:

Voeg in een slowcooker knoflook, zongedroogde tomaten en rosbief toe. Voeg de runderbouillon en rozemarijn toe. Sluit de pot en kook op laag vuur gedurende 10 uur.

Na het koken het vlees verwijderen en het vlees in plakjes snijden. Gooi het vet weg. Doe het gesneden vlees terug in de slowcooker en kook op laag vuur gedurende 10 minuten. Meng de citroenschil, peterselie en olijven in een kleine kom. Zet het mengsel in de koelkast tot het klaar is om te serveren. Garneer met gekoeld mengsel.

Serveer het met pasta of eiernoedels. Strooi er kaasgrutten over.

Voedingswaarde (per 100 g): 314 calorieën 19 g vet 1 g koolhydraten 32 g eiwit 778 mg natrium

Langzaam gegaard Mediterraan rundvlees met artisjokken

Voorbereidingstijd: 3 uur en 20 minuten

Tijd om te koken: 7 uur en 8 minuten

Maaltijden: 6

Moeilijkheidsgraad: Gemakkelijk

Ingrediënten:

- 2 kilo rundvlees voor de stoofpot
- 14 ons artisjokharten
- 1 eetlepel druivenpitolie
- 1 gesnipperde ui
- 32 ons runderbouillon
- 4 geraspte teentjes knoflook
- 14½ ons tomaten uit blik, in blokjes gesneden
- 15 ons tomatensaus
- 1 theelepel gedroogde oregano
- ½ kopje gesneden ontpitte olijven
- 1 theelepel gedroogde peterselie
- 1 theelepel gedroogde oregano
- ½ theelepel gemalen komijn
- 1 theelepel gedroogde basilicum
- 1 laurierblad
- ½ theelepel zout

Titels:

Giet een beetje olie in een grote koekenpan met antiaanbaklaag en verwarm op middelhoog vuur. Grill het vlees aan beide kanten. Breng het vlees over naar de slowcooker.

Voeg de runderbouillon, de tomatenblokjes, de tomatensaus en het zout toe en meng. Voeg de runderbouillon, de tomatenblokjes, oregano, olijven, basilicum, peterselie, laurierblaadjes en komijn toe. Meng het mengsel goed.

Sluit en kook op laag vuur gedurende 7 uur. Gooi het laurierblad weg bij het serveren. Serveer warm.

Voedingswaarde (per 100 g): 416 calorieën 5 g vet 14,1 g koolhydraten 29,9 g eiwit 811 mg natrium

Dun gebraden in mediterrane stijl in een slowcooker

Bereidingstijd: 30 minuten.

Kooktijd: 8 uur.

Maaltijden: 10

Moeilijkheidsgraad: moeilijk

Ingrediënten:

- 4 pond rond gebraden oog
- 4 teentjes knoflook
- 2 theelepels olijfolie
- 1 theelepel versgemalen zwarte peper
- 1 kopje gehakte ui
- 4 gesneden wortels
- 2 theelepels gedroogde rozemarijn
- 2 stengels gehakte groen
- 28 ons ingeblikte geplette tomaten
- 1 kopje natriumarme runderbouillon
- 1 kopje rode wijn
- 2 theelepels zout

Titels:

Kruid de rosbief met zout, knoflook en peper en zet opzij. Giet de olie in een koekenpan met antiaanbaklaag en verwarm deze op middelhoog vuur. Doe het vlees erin en bak het aan alle kanten bruin. Breng het rosbief nu over naar een slowcooker van 6 liter. Voeg de wortels, ui, rozemarijn en selderij toe aan de pan. Ga door met koken totdat de uien en groenten zacht zijn.

Voeg de tomaten en wijn toe aan dit groentemengsel. Voeg het runderbouillon- en tomatenmengsel samen met het groentemengsel toe aan de slowcooker. Sluit en kook op laag vuur gedurende 8 uur.

Als het vlees gaar is, haal je het uit de slowcooker, leg je het op een snijplank en wikkel je het in aluminiumfolie. Als je de saus dikker wilt maken, doe hem dan in een pan en laat sudderen tot hij de gewenste consistentie heeft bereikt. Gooi het vet weg voordat u het serveert.

Voedingswaarde (per 100 g): 260 calorieën 6 g vet 8,7 g koolhydraten 37,6 g eiwit 588 mg natrium

Gehaktbrood uit de slowcooker

Bereidingstijd: 10 minuten.

Tijd om te koken: 6 uur en 10 minuten

Maaltijden: 8

Moeilijkheidsgraad: gemiddeld

Ingrediënten:

- 2 pond gemalen bizons
- 1 geraspte courgette
- 2 grote eieren
- Olijfolie kookspray indien nodig
- 1 courgette, geraspt
- ½ kopje peterselie, vers, fijngehakt
- ½ kopje Parmezaanse kaas, geraspt
- 3 eetlepels balsamicoazijn
- 4 geraspte teentjes knoflook
- 2 eetlepels gehakte ui
- 1 eetlepel gedroogde oregano
- ½ theelepel gemalen zwarte peper
- ½ theelepel koosjer zout
- Voor de dressing:
- ¼ kopje geraspte mozzarellakaas
- ¼ kopje suikervrije tomatensaus
- ¼ kopje verse gehakte peterselie

Titels:

Streeplijnen aan de binnenkant van een slowcooker van 6 liter met aluminiumfolie. Spuit er anti-aanbakolie overheen.

Meng in een grote kom gemalen bizons of extra magere gemalen ossenhaas, courgette, eieren, peterselie, balsamicoazijn, knoflook, gedroogde oregano, zee- of koosjer zout, gehakte gedroogde ui en gemalen zwarte peper.

Doe dit mengsel in een slowcooker en vorm er een langwerpig brood van. Dek de pan af, breng aan de kook en laat 6 uur koken. Open na het koken de pan en verdeel de tomatensaus over het gehaktbrood.

Leg nu de kaas als een nieuwe laag op de tomatensaus en sluit de slowcooker. Laat het gehaktbrood ongeveer 10 minuten op deze twee lagen rusten, of totdat de kaas begint te smelten. Garneer met verse peterselie en geraspte mozzarella.

Voedingswaarde (per 100 g): 320 calorieën 2 g vet 4 g koolhydraten 26 g eiwit 681 mg natrium

Mediterrane rundvleesgerechten in slowcooking

Bereidingstijd: 10 minuten.

Kooktijd: 13 uur.

Maaltijden: 6

Moeilijkheidsgraad: gemiddeld

Ingrediënten:

- 3 pond mager rosbief
- ½ theelepel uienpoeder
- ½ theelepel zwarte peper
- 3 kopjes natriumarme runderbouillon
- 4 theelepels saladedressingmix
- 1 laurierblad
- 1 eetlepel gehakte knoflook
- 2 rode paprika's, in dunne reepjes gesneden
- 16 ons pepperoncini
- 8 dunne plakjes Sargento provolone
- 2 ons glutenvrij brood
- ½ theelepel zout
- <u>Seizoen:</u>
- 1½ eetlepel uienpoeder
- 1½ eetlepel knoflookpoeder
- 2 eetlepels gedroogde peterselie

- 1 eetlepel stevia
- ½ theelepel gedroogde tijm
- 1 eetlepel gedroogde oregano
- 2 eetlepels zwarte peper
- 1 eetlepel zout
- 6 plakjes kaas

Titels:

Droog het gebraad met keukenpapier. Meng de zwarte peper, het uienpoeder en het zout in een kleine kom en wrijf dit mengsel over het braadstuk. Plaats het gekruide braadstuk in de slowcooker.

Voeg de soep, de saladedressingmix, het laurierblad en de knoflook toe aan de slowcooker. Meng voorzichtig. Sluit en zet op laag vuur gedurende 12 uur. Verwijder na het koken het laurierblad.

Hol het gekookte vlees uit en hak het vlees fijn. Vervang het gesneden vlees en voeg paprika toe en Voeg de paprika en pepperoncina toe aan de slowcooker. Dek de pan af en kook op laag vuur gedurende 1 uur. Bestrijk elk broodje voor het serveren met 3 ons van het vleesmengsel. Beleg het met een plakje kaas. De vloeibare saus kan als saus gebruikt worden.

Voedingswaarde (per 100 g): 442 calorieën 11,5 g vet 37 g koolhydraten 49 g eiwit 735 mg natrium

Mediterrane varkensgebraad

Bereidingstijd: 10 minuten.

Tijd om te koken: 8 uur en 10 minuten
Maaltijden: 6
Moeilijkheidsgraad: gemiddeld

Ingrediënten:

- 2 eetlepels olijfolie
- 2 pond varkensgebraad
- ½ theelepel paprikapoeder
- ¾ kopje kippenbouillon
- 2 theelepels gedroogde salie
- ½ eetlepel gehakte knoflook
- ¼ theelepel gedroogde marjolein
- ¼ theelepel gedroogde rozemarijn
- 1 theelepel oregano
- ¼ theelepel gedroogde tijm
- 1 theelepel basilicum
- ¼ theelepel koosjer zout

Titels:

Meng de bouillon, olie, zout en kruiden in een kleine kom. Giet olijfolie in de pan en verwarm deze op middelhoog vuur. Voeg het varkensvlees toe en grill tot het aan alle kanten bruin is.

Haal na het braden het varkensvlees eruit en prik het hele braadstuk in met een mes. Doe het gehakte varkensgebraad in een pot van 6 liter. Giet nu het mengselvloeistof uit de kleine kom over het hele braadstuk.

Sluit de pot goed en kook op laag vuur gedurende 8 uur. Na het koken uit de pan op een snijplank halen en in stukken snijden. Voeg vervolgens het gesneden varkensvlees terug in de slowcooker. Laat nog 10 minuten sudderen. Serveer naast fetakaas, pitabroodje en tomaten.

Voedingswaarde (per 100 g): 361 calorieën 10,4 g vet 0,7 g koolhydraten 43,8 g eiwit 980 mg natrium

vleespizza

Bereidingstijd: 20 minuten.

Tijd om te koken: 50 minuten

Maaltijden: 10

Moeilijkheidsgraad: moeilijk

Ingrediënten:

- <u>Voor de korst:</u>
- 3 kopjes bloem voor alle doeleinden
- 1 eetlepel suiker
- 2¼ theelepel actieve droge gist
- 1 theelepel zout
- 2 eetlepels olijfolie
- 1 kopje lauw water
- <u>Omslag:</u>
- 1 pond rundergehakt
- 1 middelgrote ui, gehakt
- 2 eetlepels tomatenpuree
- 1 eetlepel gemalen komijn
- Zout en gemalen zwarte peper indien nodig
- ¼ kopje water
- 1 kop gehakte verse spinazie
- 8 ons artisjokharten, in vieren gedeeld
- 4 ons verse champignons, in plakjes gesneden

- 2 gesneden tomaten
- 4 ons fetakaas, verkruimeld

Titels:

Voor de korst:

Meng de bloem, suiker, gist en zout met een keukenmixer voorzien van een deeghaak. Voeg 2 eetlepels olie en warm water toe en kneed tot een soepel, elastisch deeg ontstaat.

Vorm het deeg tot een bal en laat het ongeveer 15 minuten rusten.

Leg het deeg op een licht met bloem bestoven oppervlak en rol het uit tot een cirkel. Doe het deeg in een licht ingevette ronde pizzavorm en druk het voorzichtig aan zodat het past. Laat het ongeveer 10-15 minuten zitten. Bestrijk de korst met een beetje olie. Verwarm de oven voor op 400 graden F.

Omslag:

Bak het vlees in een niet-brandende pan op middelhoog vuur gedurende ongeveer 4-5 minuten. Roer de ui erdoor en kook ongeveer 5 minuten, onder regelmatig roeren. Voeg de tomatenpuree, komijn, zout, zwarte peper en water toe en roer om te combineren.

Zet het vuur middelhoog en kook ongeveer 5-10 minuten. Haal van het vuur en zet opzij. Verdeel het vleesmengsel op de pizzabodem en beleg met de spinazie, gevolgd door de artisjokken, champignons, tomaten en feta.

Bak tot de kaas smelt. Haal het uit de oven en laat het ongeveer 3-5 minuten rusten voordat je het aansnijdt. Snijd in plakjes van de gewenste grootte en serveer.

Voedingswaarde (per 100 g):309 calorieën 8,7 g vet 3,7 g koolhydraten 3,3 g eiwit 732 mg natrium

Rundvlees en bulgur gehaktballetjes

Bereidingstijd: 20 minuten.

Tijd om te koken: 28 minuten

Maaltijden: 6

Moeilijkheidsgraad: gemiddeld

Ingrediënten:

- ¾ kopje rauwe bulgur
- 1 pond rundergehakt
- ¼ kopje gehakte sjalotten
- ¼ kopje gehakte verse peterselie
- ½ theelepel gemalen kruiden
- ½ theelepel gemalen komijn
- ½ theelepel gemalen kaneel
- ¼ theelepel gemalen rode pepervlokken
- Zout, indien nodig
- 1 eetlepel olijfolie

Titels:

Week de bulgur ongeveer 30 minuten in een grote kom met koud water. Laat de bulgur goed uitlekken en knijp met je handen om het overtollige water te verwijderen. Voeg de bulgur, het rundvlees, de sjalotjes, de peterselie, de kruiden en het zout toe aan een keukenmachine en mix tot een gladde massa.

Doe het mengsel in een kom en zet het afgedekt ongeveer 30 minuten in de koelkast. Haal het uit de koelkast en rol het mengsel in balletjes van dezelfde grootte. Verhit de olie in een grote koekenpan met antiaanbaklaag op middelhoog vuur en bak de gehaktballetjes in 2 porties gedurende ongeveer 13-14 minuten, waarbij u ze regelmatig draait. Serveer warm.

Voedingswaarde (per 100 g): 228 calorieën 7,4 g vet 0,1 g koolhydraten 3,5 g eiwit 766 mg natrium

Heerlijk rundvlees en broccoli

Bereidingstijd: 10 minuten.

Tijd om te koken: 15 minuten

Maaltijden: 4

Moeilijkheidsgraad: Gemakkelijk

Ingrediënten:

- 1 en ½ pond. flank steak
- 1 eetlepel. olijfolie
- 1 eetlepel. tamari-saus
- 1 kopje runderbouillon
- 1 pond broccoli, roosjes gescheiden

Titels:

Meng de reepjes biefstuk met olie en tamari, meng en laat 10 minuten rusten. Zet de Instant Pot op de sudderstand, plaats de rundvleesreepjes en bak ze 4 minuten aan elke kant. Giet de soep erbij, dek de pan opnieuw af en kook op hoog vuur gedurende 8 minuten. Voeg de broccoli toe, dek af en kook nog 4 minuten op hoog vuur. Verdeel alles over borden en serveer. Genieten!

Voedingswaarde (per 100 g): 312 calorieën 5 g vet 20 g koolhydraten 4 g eiwit 694 mg natrium

Rundvlees Maïs Chili

Bereidingstijd: 8-10 minuten.

Tijd om te koken: 30 minuten

Maaltijden: 8

Moeilijkheidsgraad: gemiddeld

Ingrediënten:

- 2 kleine uien, fijngehakt
- ¼ kopje ingeblikte maïs
- 1 eetlepel olie
- 10 ons mager rundergehakt
- 2 kleine chilipepers, in blokjes gesneden

Titels:

Zet de Instantpot aan. Klik op "OVERSLAAN". Giet de olie erbij en voeg dan de ui, chilipeper en het vlees toe; kook tot het glazig en gaar is. Giet 3 kopjes water in de kookpot; Meng goed.

Sluit het deksel. Selecteer "VLEES / EI". Stel de timer in op 20 minuten. Laat het koken totdat de timer nul bereikt.

Klik op "ANNULEREN" en vervolgens op "NPR" voor natuurlijke vrijgavedruk gedurende ongeveer 8-10 minuten. Open de schaal en plaats deze op serveerschalen. Bijwonen.

Voedingswaarde (per 100 g): 94 calorieën 5 g vet 2 g koolhydraten 7 g eiwit 477 mg natrium

Balsamico rundvleesgerecht

Bereidingstijd: 5 minuten.

Tijd om te koken: 55 minuten

Maaltijden: 8

Moeilijkheidsgraad: gemiddeld

Ingrediënten:

- 3 pond rosbief
- 3 teentjes knoflook, in dunne plakjes gesneden
- 1 eetlepel olie
- 1 theelepel gearomatiseerde azijn
- ½ theelepel peper
- ½ theelepel rozemarijn
- 1 eetlepel boter
- ½ theelepel tijm
- ¼ kopje balsamicoazijn
- 1 kopje runderbouillon

Titels:

Snijd plakjes op het braadstuk en stop de plakjes knoflook er helemaal mee. Meng de gearomatiseerde azijn, rozemarijn, peper en tijm en wrijf dit mengsel over het braadstuk. Zet de pan op het vuur, roer de olie erdoor en laat de olie opwarmen. Rooster het braadstuk aan beide kanten.

Haal eruit en zet opzij. Voeg de boter, de bouillon en de balsamicoazijn toe en verwijder het glazuur uit de pot. Plaats het braadstuk terug, sluit het deksel en laat het vervolgens 40 minuten op HOOG koken.

Voer een snelle release uit. Bijwonen!

Voedingswaarde (per 100 g): 393 calorieën 15 g vet 25 g koolhydraten 37 g eiwit 870 mg natrium

rosbief met sojasaus

Bereidingstijd: 8 minuten.

Tijd om te koken: 35 minuten

Maaltijden: 2-3

Moeilijkheidsgraad: gemiddeld

Ingrediënten:

- ½ theelepel runderbouillon
- 1 ½ theelepel rozemarijn
- ½ theelepel gehakte knoflook
- 2 pond rosbief
- 1/3 kopje sojasaus

Titels:

Meng sojasaus, bouillon, rozemarijn en knoflook in een kom.

Zet uw InstantPot aan. Plaats het braadstuk en bedek het met voldoende water om het braadstuk te bedekken; roer voorzichtig om goed te mengen. Sluit goed af.

Klik op de kookfunctie "VLEES / ÉÉN STUK"; zet het drukniveau op "HOOG" en stel de kooktijd in op 35 minuten. Laat de druk toenemen om de ingrediënten te koken. Als u klaar bent, klikt u op de instelling "ANNULEREN" en vervolgens op de kookfunctie "NPR" om op natuurlijke wijze de druk te verminderen.

Open geleidelijk het deksel en snijd het vlees. Doe het gesneden vlees terug in de potmix en meng goed. Breng over naar serveerschalen. Serveer warm.

Voedingswaarde (per 100 g): 423 calorieën 14 g vet 12 g koolhydraten 21 g eiwit 884 mg natrium

Gebraden kalfsvlees met rozemarijn

Bereidingstijd: 5 minuten.

Tijd om te koken: 45 minuten

Maaltijden: 5-6

Moeilijkheidsgraad: gemiddeld

Ingrediënten:

- 3 pond rosbief
- 3 teentjes knoflook
- ¼ kopje balsamicoazijn
- 1 takje verse rozemarijn
- 1 takje verse tijm
- 1 kopje water
- 1 eetlepel plantaardige olie
- zout en peper naar smaak

Titels:

Snij de rosbief in plakjes en leg de teentjes knoflook erop. Wrijf het braadstuk in met kruiden, zwarte peper en zout. Verwarm de Instant Pot voor op de braadstand en giet de olie erin. Als het warm is, roer het rosbief erdoor en kook al roerend tot het aan alle kanten bruin is. Voeg resterende ingrediënten toe; meng voorzichtig.

Dek het goed af en kook op de hoogste stand gedurende 40 minuten met de handmatige instelling. Laat de druk ongeveer 10 minuten op natuurlijke wijze ontsnappen. Ontdek en plaats het braadstuk op serveerschalen, snijd het in stukken en serveer.

Voedingswaarde (per 100 g): 542 calorieën 11,2 g vet 8,7 g koolhydraten 55,2 g eiwit 710 mg natrium

Varkenshaasjes en tomatensaus

Bereidingstijd: 10 minuten.

Tijd om te koken: 20 minuten

Maaltijden: 4

Moeilijkheidsgraad: Gemakkelijk

Ingrediënten:

- 4 varkenskarbonades zonder botten
- 1 eetlepel sojasaus
- ¼ theelepel sesamolie
- 1 en ½ kopje tomatenpuree
- 1 gele ui
- 8 champignons, in plakjes gesneden

Titels:

Meng de karbonades met sojasaus en sesamolie in een kom, meng en laat 10 minuten rusten. Zet de Instant Pot in de stoofmodus, voeg de karbonades toe en bak ze 5 minuten aan elke kant. Voeg de ui toe en bak nog 1-2 minuten. Voeg de tomatenpuree en de champignons toe, meng, dek af en kook op hoog vuur gedurende 8-9 minuten. Verdeel alles over borden en serveer. Genieten!

Voedingswaarde (per 100 g): 300 calorieën 7 g vet 18 g koolhydraten 4 g eiwit 801 mg natrium

Kip met kappertjessaus

Bereidingstijd: 10 minuten.

Tijd om te koken: 18 minuten

Maaltijden: 5

Moeilijkheidsgraad: moeilijk

Ingrediënten:

- <u>Voor de kip:</u>
- 2 eieren
- Zout en gemalen zwarte peper indien nodig
- 1 kopje droog broodkruimels
- 2 eetlepels olijfolie
- 1½ pond kipfilets zonder bot, zonder vel, gestampt tot een dikte van ¾ inch en in stukjes gesneden
- <u>Voor de kappertjessaus:</u>
- 3 eetlepels kappertjes
- ½ kopje droge witte wijn
- 3 eetlepels vers citroensap
- Zout en gemalen zwarte peper indien nodig
- 2 eetlepels gehakte verse peterselie

Titels:

Voor de kip: Voeg in een ondiepe schaal de eieren, zout en zwarte peper toe en klop tot alles goed gemengd is. Doe de kruimels in een andere ondiepe kom. Dompel de stukken kip in het eimengsel en bestrooi ze gelijkmatig met het paneermeel. Schud overtollige kruimels af.

Verhit de olie op middelhoog vuur en bak de stukken kip ongeveer 5-7 minuten aan elke kant of tot ze gaar zijn. Leg de stukjes kip met een schuimspaan op een met keukenpapier beklede plaat. Dek de stukken kip af met een stuk aluminiumfolie om ze warm te houden.

Voeg alle sausingrediënten behalve de peterselie toe aan dezelfde pan en kook ongeveer 2-3 minuten, onder voortdurend roeren. Voeg peterselie toe en haal van het vuur. Serveer de stukken kip met de kappertjessaus.

Voedingswaarde (per 100 g): 352 calorieën 13,5 g vet 1,9 g koolhydraten 1,2 g eiwit 741 mg natrium

Kalkoenburgers met mangosalsa

Bereidingstijd: 15 minuten.

Tijd om te koken: 10 minuten

Maaltijden: 6

Moeilijkheidsgraad: Gemakkelijk

Ingrediënten:

- 1½ pond gemalen kalkoenborst
- 1 theelepel zeezout, verdeeld
- ¼ theelepel versgemalen zwarte peper
- 2 eetlepels extra vergine olijfolie
- 2 mango's, geschild, ontpit en in blokjes gesneden
- ½ rode ui, fijngehakt
- Sap van 1 limoen
- 1 teentje knoflook
- ½ jalapenopeper, zonder zaadjes en fijngehakt
- 2 eetlepels gehakte verse korianderblaadjes

Titels:

Vorm 4 pasteitjes van de kalkoenfilet en breng op smaak met ½ theelepel zeezout en peper. Kook de olijfolie in een pan met antiaanbaklaag tot deze glinstert. Voeg de kalkoenpasteitjes toe en kook tot ze goudbruin zijn, ongeveer 5 minuten per kant. Terwijl de burgers koken, meng je de mango, rode ui, limoensap, knoflook, jalapeno, koriander en ½ theelepel zeezout in een kleine kom. Giet de saus over de kalkoenpasteitjes en serveer.

Voedingswaarde (per 100 g): 384 calorieën 3 g vet 27 g koolhydraten 34 g eiwit 692 mg natrium

Kruid Geroosterde Kalkoenborst

Bereidingstijd: 15 minuten.

Tijd om te koken: 1½ uur (plus 20 minuten rust)

Maaltijden: 6

Moeilijkheidsgraad: gemiddeld

Ingrediënten:

- 2 eetlepels extra vergine olijfolie
- 4 teentjes knoflook, gehakt
- Schil van 1 citroen
- 1 eetlepel gehakte verse tijmblaadjes
- 1 eetlepel gehakte verse rozemarijnblaadjes
- 2 eetlepels gehakte verse Italiaanse peterselieblaadjes
- 1 theelepel gemalen mosterd
- 1 theelepel zeezout
- ¼ theelepel versgemalen zwarte peper
- 1 (6 pond) kalkoenborst met bot en vel
- 1 kopje droge witte wijn

Titels:

Verwarm de oven voor op 325 ° F. Meng olijfolie, knoflook, citroenschil, tijm, rozemarijn, peterselie, mosterd, zeezout en peper. Verdeel het kruidenmengsel gelijkmatig over het oppervlak van de kalkoenfilet, maak het vel los en wrijf er ook onder. Plaats de kalkoenfilet in de braadpan op het rooster, met het vel naar boven.

Giet de wijn in de pan. Rooster gedurende 1 tot 1 1/2 uur, totdat de kalkoen een interne temperatuur van 165 graden F heeft bereikt. Haal uit de oven en laat, afgedekt met folie, 20 minuten staan om warm te blijven voordat u hem gaat snijden.

Voedingswaarde (per 100 g): 392 calorieën 1 g vet 2 g koolhydraten 84 g eiwit 741 mg natrium

Kippenworst en paprika

Bereidingstijd: 10 minuten.

Tijd om te koken: 20 minuten

Maaltijden: 6

Moeilijkheidsgraad: gemiddeld

Ingrediënten:

- 2 eetlepels extra vergine olijfolie
- 6 Italiaanse Kipworstlinks
- 1 ui
- 1 rode paprika
- 1 groene paprika
- 3 teentjes knoflook, gehakt
- ½ kopje droge witte wijn
- ½ theelepel zeezout
- ¼ theelepel versgemalen zwarte peper
- 1 snufje rode pepervlokken

Titels:

Verhit de olijfolie in een grote koekenpan tot deze glanst. Voeg de worst toe en kook gedurende 5 tot 7 minuten, af en toe draaiend, tot hij bruin is en een interne temperatuur bereikt van 165 ° F. Haal de worst met een tang uit de pan en plaats hem op een met bakpapier beklede aluminium bakplaat om hem warm te houden.

Zet de pan terug op het vuur en roer de ui, rode paprika en groene paprika erdoor. Kook, af en toe roerend, tot de groenten bruin zijn. Voeg de knoflook toe en kook gedurende 30 seconden, onder voortdurend roeren.

Voeg de wijn, zeezout, peper en rode pepervlokken toe. Schep eventuele gebruinde stukjes uit de bodem van de pan en vouw ze eruit. Kook nog ongeveer 4 minuten, al roerend, tot de vloeistof met de helft is ingekookt. Giet paprikapoeder over de worstjes en serveer.

Voedingswaarde (per 100 g): 173 calorieën 1 g vet 6 g koolhydraten 22 g eiwit 582 mg natrium

kip piccata

Bereidingstijd: 10 minuten.

Tijd om te koken: 15 minuten

Maaltijden: 6

Moeilijkheidsgraad: gemiddeld

Ingrediënten:

- ½ kopje volkorenmeel
- ½ theelepel zeezout
- 1/8 theelepel versgemalen zwarte peper
- 1½ pond kipfilet, in 6 stukken gesneden
- 3 eetlepels extra vergine olijfolie
- 1 kopje ongezouten kippenbouillon
- ½ kopje droge witte wijn
- sap van 1 citroen
- Schil van 1 citroen
- ¼ kopje kappertjes, uitgelekt en gewassen
- ¼ kopje gehakte verse peterselieblaadjes

Titels:

Meng de bloem, het zeezout en de peper in een ondiepe kom. Wrijf de kip in de bloem en schud het overtollige eraf. Kook de olijfolie tot deze glinstert.

Schik de kip en bak ongeveer 4 minuten per kant tot hij bruin is. Haal de kip uit de pan en dek af met aluminiumfolie om hem warm te houden.

Zet de pan terug op het vuur en voeg de bouillon, wijn, citroensap, citroenschil en kappertjes toe. Gebruik de zijkant van een lepel om de gebruinde stukjes van de bodem van de pan toe te voegen. Kook op laag vuur tot de vloeistof dikker wordt. Haal de pan van het vuur en doe de kip terug in de pan. Draai naar dekking. Voeg peterselie toe en serveer.

Voedingswaarde (per 100 g): 153 calorieën 2 g vet 9 g koolhydraten 8 g eiwit 692 mg natrium

Toscaanse kip in een pan

Bereidingstijd: 10 minuten.

Tijd om te koken: 25 minuten

Maaltijden: 6

Moeilijkheidsgraad: moeilijk

Ingrediënten:

- ¼ kopje extra vergine olijfolie, verdeeld
- 1 pond kipfilets zonder bot, zonder vel, in stukken van ¾ inch gesneden
- 1 gesnipperde ui
- 1 gesneden rode paprika
- 3 teentjes knoflook, gehakt
- ½ kopje droge witte wijn
- 1 (14 ounce) blik geplette tomaten, ongedraineerd
- 1 (14 ounce) blik tomatenblokjes, uitgelekt
- 1 (14 ounce) blik witte bonen, uitgelekt
- 1 eetlepel droge Italiaanse kruiden
- ½ theelepel zeezout
- 1/8 theelepel versgemalen zwarte peper
- 1/8 theelepel rode pepervlokken
- ¼ kopje gehakte verse basilicumblaadjes

Titels:

Kook in 2 eetlepels olijfolie tot het glanst. Roer de kip erdoor en kook tot hij bruin is. Haal de kip uit de pan en leg hem op een bord bedekt met aluminiumfolie om hem warm te houden.

Zet de pan terug op het vuur en verwarm de resterende olijfolie. Voeg ui en rode peper toe. Kook, af en toe roerend, tot de groenten zacht zijn. Voeg de knoflook toe en kook gedurende 30 seconden, onder voortdurend roeren.

Voeg de wijn toe en gebruik de zijkant van een lepel om eventuele gebruinde stukjes van de bodem van de pan op te rapen. Kook gedurende 1 minuut terwijl u roert.

Meng geplette en in blokjes gesneden tomaten, witte bonen, Italiaanse kruiden, zeezout, peper en rode pepervlokken. Laat het koken. Kook gedurende 5 minuten terwijl u af en toe roert.

Doe de kip en eventueel verzamelde sappen terug in de pan. Kook tot de kip gaar is. Haal van het vuur en voeg basilicum toe voordat je het serveert.

Voedingswaarde (per 100 g): 271 calorieën 8 g vet 29 g koolhydraten 14 g eiwit 596 mg natrium

kapama-kip

Bereidingstijd: 10 minuten.

Kooktijd: 2 uur.

Maaltijden: 4

Moeilijkheidsgraad: gemiddeld

Ingrediënten:

- 1 blik (32 ons) tomatenblokjes, uitgelekt
- ¼ kopje droge witte wijn
- 2 eetlepels tomatenpuree
- 3 eetlepels extra vergine olijfolie
- ¼ theelepel rode peper
- 1 theelepel gemalen piment
- ½ theelepel gedroogde oregano
- 2 hele peulen
- 1 kaneelstokje
- ½ theelepel zeezout
- 1/8 theelepel versgemalen zwarte peper
- 4 kipfilethelften zonder botten en zonder vel

Titels:

Meng in een grote pan de tomaten, wijn, tomatenpuree, olijfolie, rode pepervlokken, piment, oregano, kruidnagel, kaneelstokje, zeezout en peper. Breng aan de kook, af en toe roerend. Laat het 30 minuten koken, af en toe roeren. Haal de hele kruidnagels en het kaneelstokje uit de saus, gooi deze weg en laat de saus afkoelen.

Verwarm de oven voor op 350 ° F. Plaats de kip in een ovenschaal van 9 tot 13 inch. Giet de saus over de kip en bedek de bakplaat met aluminiumfolie. Ga door met bakken totdat het een interne temperatuur van 165 ° F heeft bereikt.

Voedingswaarde (per 100 g):220 calorieën 3 g vet 11 g koolhydraten 8 g eiwit 923 mg natrium

Kipfilet gevuld met spinazie en fetakaas

Bereidingstijd: 10 minuten.

Tijd om te koken: 45 minuten

Maaltijden: 4

Moeilijkheidsgraad: gemiddeld

Ingrediënten:

- 2 eetlepels extra vergine olijfolie
- 1 pond verse babyspinazie
- 3 teentjes knoflook, gehakt
- Schil van 1 citroen
- ½ theelepel zeezout
- 1/8 theelepel versgemalen zwarte peper
- ½ kopje verkruimelde fetakaas
- 4 kipfilets zonder bot en zonder vel

Titels:

Verwarm de oven voor op 350 ° F. Kook olijfolie op middelhoog vuur tot het glinstert. Voeg de spinazie toe. Blijf koken en roer tot het zacht is.

Voeg de knoflook, citroenschil, zeezout en peper toe. Kook gedurende 30 seconden, onder voortdurend roeren. Laat een beetje afkoelen en meng met kaas.

Verdeel het spinazie-kaasmengsel in een gelijkmatige laag over de stukken kip en rol de borst rond de vulling. Zet het vast met tandenstokers of slagerstouw. Schik de borsten in een ovenschaal van 9 bij 13 inch en bak gedurende 30 tot 40 minuten of totdat de kip een interne temperatuur van 165 ° F heeft bereikt. Haal het uit de oven en laat 5 minuten rusten voordat u het in stukken snijdt en serveert.

Voedingswaarde (per 100 g): 263 calorieën 3 g vet 7 g koolhydraten 17 g eiwit 639 mg natrium

Geroosterde kippendijen met rozemarijn

Bereidingstijd: 5 minuten.

Kooktijd: 1 uur.

Maaltijden: 6

Moeilijkheidsgraad: Gemakkelijk

Ingrediënten:

- 2 eetlepels gehakte verse rozemarijnblaadjes
- 1 theelepel knoflookpoeder
- ½ theelepel zeezout
- 1/8 theelepel versgemalen zwarte peper
- Schil van 1 citroen
- 12 kippendijen

Titels:

Verwarm de oven voor op 350 ° F. Meng rozemarijn, knoflookpoeder, zeezout, peper en citroenschil.

Schik de dijen in een ovenschaal van 9 x 13 centimeter en bestrooi ze met het rozemarijnmengsel. Rooster totdat de kip een interne temperatuur van 165 ° F heeft bereikt.

Voedingswaarde (per 100 g): 163 calorieën 1 g vet 2 g koolhydraten 26 g eiwit 633 mg natrium

Kip met uien, aardappelen, vijgen en wortelen

Bereidingstijd: 5 minuten.

Tijd om te koken: 45 minuten

Maaltijden: 4

Moeilijkheidsgraad: gemiddeld

Ingrediënten:

- 2 kopjes aardappelen, gehalveerd
- 4 verse vijgen, in vieren
- 2 julienne wortelen
- 2 eetlepels extra vergine olijfolie
- 1 theelepel zeezout, verdeeld
- ¼ theelepel versgemalen zwarte peper
- 4 kippenpootkwartieren
- 2 eetlepels gehakte verse peterselieblaadjes

Titels:

Verwarm de oven voor op 425 ° F. Meng in een kleine kom aardappelen, vijgen en wortels met olijfolie, ½ theelepel zeezout en peper. Verspreid in een pan van 9 bij 13 inch.

Breng de kip op smaak met het resterende zeezout. Leg deze op de groenten. Rooster tot de groenten gaar zijn en de kip een interne temperatuur van 165° F bereikt. Bestrooi met peterselie en serveer.

Voedingswaarde (per 100 g): 429 calorieën 4 g vet 27 g koolhydraten 52 g eiwit 581 mg natrium

Kipgyros met tzatziki

Bereidingstijd: 15 minuten.

Tijd om te koken: 1 uur en 20 minuten

Maaltijden: 6

Moeilijkheidsgraad: gemiddeld

Ingrediënten:

- 1 pond gemalen kipfilet
- 1 geraspte ui, waarvan we het overtollige water afgieten
- 2 eetlepels gedroogde rozemarijn
- 1 eetlepel gedroogde marjolein
- 6 teentjes knoflook, fijngehakt
- ½ theelepel zeezout
- ¼ theelepel versgemalen zwarte peper
- tzatziki-saus

Titels:

Verwarm de oven voor op 350 ° F. Meng kip, ui, rozemarijn, marjolein, knoflook, zeezout en peper met een keukenmachine. Meng totdat het mengsel een pasta vormt. U kunt deze ingrediënten ook in een kom mengen om goed te combineren (zie bereidingstip).

Druk het mengsel in de pan. Bak tot de interne temperatuur 165 graden bereikt. Haal het uit de oven en laat 20 minuten rusten voordat je het aansnijdt.

Snijd de gyros en giet de tzatzikisaus erover.

Voedingswaarde (per 100 g): 289 calorieën 1 g vet 20 g koolhydraten 50 g eiwit 622 mg natrium

Moussaka

Bereidingstijd: 10 minuten.

Tijd om te koken: 45 minuten

Maaltijden: 8

Moeilijkheidsgraad: moeilijk

Ingrediënten:

- 5 eetlepels extra vergine olijfolie, verdeeld
- 1 aubergine, in plakjes (ongeschild)
- 1 gesnipperde ui
- 1 groene paprika, zonder zaadjes en in plakjes gesneden
- 1 pond gemalen kalkoen
- 3 teentjes knoflook, gehakt
- 2 eetlepels tomatenpuree
- 1 (14 ounce) blik tomatenblokjes, uitgelekt
- 1 eetlepel Italiaanse kruiden
- 2 theelepels Worcestershiresaus
- 1 theelepel gedroogde oregano
- ½ theelepel gemalen kaneel
- 1 kopje ongezoete, magere Griekse yoghurt
- 1 losgeklopt ei
- ¼ theelepel versgemalen zwarte peper
- ¼ theelepel gemalen nootmuskaat
- ¼ kopje geraspte Parmezaanse kaas
- 2 eetlepels gehakte verse peterselieblaadjes

Titels:

Verwarm de oven voor op 400 ° F. Kook in 3 eetlepels olijfolie tot het glinstert. Voeg de plakjes aubergine toe en bak 3 tot 4 minuten aan elke kant. Breng over naar papieren handdoeken om uit te lekken.

Zet de pan terug op het vuur en giet de resterende 2 eetlepels olijfolie erin. Voeg ui en groene paprika toe. Ga door met koken tot de groenten zacht zijn. Haal uit de pan en zet opzij.

Haal de pan van het vuur en voeg de kalkoen toe. Kook ongeveer 5 minuten, breek met een lepel, tot ze bruin zijn. Voeg de knoflook toe en kook gedurende 30 seconden, onder voortdurend roeren.

Voeg de tomatenpuree, tomaten, Italiaanse kruiden, Worcestershiresaus, oregano en kaneel toe. Doe de ui en paprika terug in de pan. Kook gedurende 5 minuten terwijl u roert. Meng yoghurt, ei, peper, nootmuskaat en kaas.

Doe de helft van het vleesmengsel in een ovenschaal van 9 bij 13 centimeter. Bedek met de helft van de aubergine. Voeg het resterende vleesmengsel en de resterende aubergine toe. Bestrijk met het yoghurtmengsel. Bak tot ze goudbruin zijn. Garneer met peterselie en serveer.

Voedingswaarde (per 100 g): 338 calorieën 5 g vet 16 g koolhydraten 28 g eiwit 569 mg natrium

Dijon-varkensfilet en kruiden

Bereidingstijd: 10 minuten.

Tijd om te koken: 30 minuten

Maaltijden: 6

Moeilijkheidsgraad: gemiddeld

Ingrediënten:

- ½ kopje gehakte verse Italiaanse peterselieblaadjes
- 3 eetlepels verse rozemarijnblaadjes, gehakt
- 3 eetlepels verse tijmblaadjes, gehakt
- 3 eetlepels Dijon-mosterd
- 1 eetlepel extra vergine olijfolie
- 4 teentjes knoflook, gehakt
- ½ theelepel zeezout
- ¼ theelepel versgemalen zwarte peper
- 1 (1½ pond) varkenslende

Titels:

Verwarm de oven voor op 200°C. Meng peterselie, rozemarijn, tijm, mosterd, olijfolie, knoflook, zeezout en peper. Verwerk ongeveer 30 seconden tot een gladde massa. Verdeel het mengsel gelijkmatig over het varkensvlees en plaats het op een omrande bakplaat.

Rooster tot het vlees een interne temperatuur van 140° F heeft bereikt. Haal het uit de oven en laat het 10 minuten rusten voordat u het in stukken snijdt en serveert.

Voedingswaarde (per 100 g):393 calorieën 3 g vet 5 g koolhydraten 74 g eiwit 697 mg natrium

Biefstuk met rode wijnsaus en champignons

Voorbereidingstijd: minuten plus 8 uur marineren
Tijd om te koken: 20 minuten
Maaltijden: 4
Moeilijkheidsgraad: moeilijk

Ingrediënten:

- <u>Voor marinade en filets</u>
- 1 kopje droge rode wijn
- 3 teentjes knoflook, gehakt
- 2 eetlepels extra vergine olijfolie
- 1 eetlepel natriumarme sojasaus
- 1 eetlepel gedroogde tijm
- 1 theelepel Dijon-mosterd
- 2 eetlepels extra vergine olijfolie
- 1 tot 1½ pond zijsteak, rack steak of tri-tip steak
- <u>Voor de champignonsaus</u>
- 2 eetlepels extra vergine olijfolie
- 1 pond cremini-champignons, in vieren
- ½ theelepel zeezout
- 1 theelepel gedroogde tijm
- 1/8 theelepel versgemalen zwarte peper

- 2 fijngehakte teentjes knoflook
- 1 kopje droge rode wijn

Titels:

Voor het bereiden van marinade en filet

Meng in een kleine kom de wijn, knoflook, olijfolie, sojasaus, tijm en mosterd. Giet het mengsel in een hersluitbare zak en voeg de biefstuk toe. Laat de biefstuk 4 tot 8 uur in de koelkast marineren. Haal de biefstuk uit de marinade en dep droog met keukenpapier.

Verhit de olijfolie in een grote koekenpan tot deze glanst.

Schik de steaks en bak ongeveer 4 minuten per kant, tot ze aan elke kant bruin zijn en de steak een interne temperatuur van 140° F bereikt. Haal de steak uit de pan en plaats hem op een bord bekleed met folie om hem warm te houden terwijl je de steak maakt. champignonsaus.

Als de champignonsaus klaar is, snijd je de biefstuk in plakjes van ½ cm dik.

Voor het bereiden van de champignonsaus

Verhit de olie in dezelfde pan op middelhoog vuur. Voeg champignons, zeezout, tijm en peper toe. Kook ongeveer 6 minuten, af en toe roerend, tot de champignons goudbruin zijn.

Fruit de knoflook. Roer de wijn erdoor en gebruik de zijkant van een houten lepel om de gebruinde stukjes van de bodem van de pan op te rapen. Kook tot de vloeistof met de helft is ingekookt. Serveer de champignons over de biefstuk.

Voedingswaarde (per 100 g): 405 calorieën 5 g vet 7 g koolhydraten 33 g eiwit 842 mg natrium

Griekse gehaktballetjes

Bereidingstijd: 20 minuten.

Tijd om te koken: 25 minuten

Maaltijden: 4

Moeilijkheidsgraad: gemiddeld

Ingrediënten:

- 2 sneetjes volkorenbrood
- 1¼ pond gemalen kalkoen
- 1 ei
- ¼ kopje gekruid volkoren broodkruimels
- 3 teentjes knoflook, gehakt
- ¼ rode ui, geraspt
- ¼ kopje gehakte verse Italiaanse peterselieblaadjes
- 2 eetlepels gehakte verse muntblaadjes
- 2 eetlepels gehakte verse oreganoblaadjes
- ½ theelepel zeezout
- ¼ theelepel versgemalen zwarte peper

Titels:

Verwarm de oven voor op 350 ° F. Bekleed een bakplaat met bakpapier of aluminiumfolie. Plaats het brood onder water om het nat te maken en knijp het overtollige brood eruit. Verkruimel het vochtige brood in kleine stukjes en doe het in een middelgrote kom.

Voeg kalkoen, ei, paneermeel, knoflook, rode ui, peterselie, munt, oregano, zeezout en peper toe. Goed mengen. Vorm het mengsel in balletjes van ¼ kopje. Schik de gehaktballetjes op de voorbereide bakplaat en bak ongeveer 25 minuten of tot de interne temperatuur 165 ° F bereikt.

Voedingswaarde (per 100 g): 350 calorieën 6 g vet 10 g koolhydraten 42 g eiwit 842 mg natrium

lamsvlees met bonen

Bereidingstijd: 10 minuten.

Kooktijd: 1 uur.

Maaltijden: 6

Moeilijkheidsgraad: moeilijk

Ingrediënten:

- ¼ kopje extra vergine olijfolie, verdeeld
- 6 lamskoteletjes, mager
- 1 theelepel zeezout, verdeeld
- ½ theelepel versgemalen zwarte peper
- 2 eetlepels tomatenpuree
- 1½ kopjes warm water
- 1 pond sperziebonen, bijgesneden en kruiselings gehalveerd
- 1 gesnipperde ui
- 2 gesneden tomaten

Titels:

Verhit 2 eetlepels olijfolie in een grote koekenpan tot deze glanst. Breng de lamskoteletjes op smaak met ½ theelepel zeezout en 1/8 theelepel peper. Bak het lamsvlees in hete olie gedurende ongeveer 4 minuten aan elke kant tot het aan beide kanten bruin is. Doe het vlees in de fontein en zet opzij.

Zet de pan terug op het vuur en voeg de resterende 2 eetlepels olijfolie toe. Verwarm tot het glinstert.

Los de tomatenpuree op in heet water in een kom. Voeg toe aan de hete pan samen met de sperziebonen, ui, tomaten en de resterende ½ theelepel zeezout en ¼ theelepel peper. Breng aan de kook en schraap eventuele gebruinde stukjes van de bodem van de pan met de zijkant van een lepel.

Doe de lamskoteletjes terug in de pan. Breng aan de kook en zet de temperatuur op middellaag. Laat 45 minuten koken tot de bonen gaar zijn. Voeg indien nodig extra water toe om de dikte van de saus aan te passen.

Voedingswaarde (per 100 g): 439 calorieën 4 g vet 10 g koolhydraten 50 g eiwit 745 mg natrium

Kip in tomaten- en balsamicosaus

Bereidingstijd: 10 minuten.

Tijd om te koken: 20 minuten

Maaltijden: 4

Moeilijkheidsgraad: gemiddeld

Ingrediënten

- 2 (elk 226,7 g) kipfilets zonder botten, zonder vel
- ½ theelepel zout
- ½ theelepel gemalen peper
- 3 eetlepels extra vergine olijfolie
- ½ kopje kerstomaatjes, gehalveerd
- 2 eetlepels gehakte sjalotjes
- ¼ c. balsamico azijn
- 1 eetlepel. gehakte knoflook
- 1 eetlepel. geroosterde venkelzaadjes, gemalen
- 1 eetlepel. boter

Titels:

Snijd de kipfilets in 4 stukken en sla ze met een hamer tot een dikte van ¼ inch. Gebruik ¼ theelepel peper en zout om de kip te bedekken. Verhit twee eetlepels olie in een pan en houd het vuur op middelhoog. Bak de kipfilet drie minuten aan beide kanten. Leg het op een serveerschaal en dek het af met folie om het warm te houden.

Voeg een eetlepel olie, sjalotten en tomaten toe aan de pan en kook tot ze zacht zijn. Voeg de azijn toe en kook het mengsel tot de azijn met de helft is ingekookt. Voeg het venkelzaad, de knoflook, zout en peper toe en kook ongeveer vier minuten. Haal van het vuur en bedek met boter. Giet deze saus over de kip en serveer.

Voedingswaarde (per 100 g): 294 calorieën 17 g vet 10 g koolhydraten 2 g eiwit 639 mg natrium

Bruine rijstsalade, fetakaas, verse erwten en munt

Bereidingstijd: 10 minuten.

Tijd om te koken: 25 minuten

Maaltijden: 4

Moeilijkheidsgraad: Gemakkelijk

Ingrediënten:

- 2 C. Bruine rijst
- 3 c. water
- Zout
- 5 ons of 141,7 gram verkruimelde fetakaas
- 2 C. gekookte erwten
- ½ kopje gehakte munt, vers
- 2 eetlepels olijfolie
- Zout en peper

Titels:

Doe de bruine rijst, het water en het zout in een pan op middelhoog vuur, dek af en breng aan de kook. Zet het vuur lager en laat koken tot het water is opgelost en de rijst zacht maar taai is. Laat het volledig afkoelen

Voeg de feta, erwten, munt, olijfolie, zout en peper toe aan de slakom met de afgekoelde rijst en meng om te combineren. Serveer en geniet!

Voedingswaarde (per 100 g): 613 calorieën 18,2 g vet 45 g koolhydraten 12 g eiwit 755 mg natrium

Volkoren pitabroodje gevuld met olijven en kikkererwten

Bereidingstijd: 10 minuten.

Tijd om te koken: 20 minuten

Maaltijden: 2

Moeilijkheidsgraad: gemiddeld

Ingrediënten:

- 2 zakken volkorentaart
- 2 eetlepels olijfolie
- 2 fijngehakte teentjes knoflook
- 1 gesnipperde ui
- ½ theelepel komijn
- 10 gesneden zwarte olijven
- 2 C. gekookte kikkererwten
- Zout en peper

Titels:

Knip pitabroodjes uit en zet opzij. Zet het vuur op medium en plaats de pan op zijn plaats. Voeg olijfolie toe en verwarm. Doe de knoflook, ui en komijn in een hete pan en roer tot de ui zacht wordt en de komijn geurig is. Voeg de olijven, kikkererwten, zout en peper toe en roer tot de kikkererwten goudbruin zijn.

Zet de pan op het vuur en gebruik een houten lepel om de kikkererwten fijn te prakken, zodat sommige heel zijn en sommige platgedrukt. Verwarm je pitabroodjes in de magnetron, in de oven of in een schone pan op het fornuis.

Vul ze met je kikkererwtenmix en geniet ervan!

Voedingswaarde (per 100 g): 503 calorieën 19 g vet 14 g koolhydraten 15,7 g eiwit 798 mg natrium

Geroosterde wortelen met walnoten en cannellinibonen

Bereidingstijd: 10 minuten.

Tijd om te koken: 45 minuten

Maaltijden: 4

Moeilijkheidsgraad: gemiddeld

Ingrediënten:

- 4 geschilde en in plakjes gesneden wortelen
- 1 C. walnoten
- 1 eetlepel. Beste
- 2 eetlepels olijfolie
- 2 C. cannellinibonen, uitgelekt
- 1 takje verse tijm
- Zout en peper

Titels:

Zet de oven op 400 F / 204 C en bekleed een bakplaat of pan met bakpapier. Verdeel de wortels en walnoten op een bakplaat of bakplaat. Sprenkel de olijfolie en honing over de wortels en walnoten en wrijf om ervoor te zorgen dat elk stuk bedekt is. bonen op een dienblad en verdeel ze tussen de wortelen en walnoten

Voeg de tijm toe, bestrooi alles met peper en zout, plaats de bakplaat in de oven en bak ongeveer 40 minuten.

serveren en genieten

Voedingswaarde (per 100 g):385 calorieën 27 g vet 6 g koolhydraten 18 g eiwit 859 mg natrium

Pittige Boterkip

Bereidingstijd: 10 minuten.

Tijd om te koken: 25 minuten

Maaltijden: 4

Moeilijkheidsgraad: gemiddeld

Ingrediënten:

- ½ kopje zware slagroom
- 1 eetlepel. Zout
- ½ kopje bottenbouillon
- 1 eetlepel. Peper
- 4 eetlepels boter
- 4 helften kipfilet

Titels:

Zet de pan in de oven op middelhoog vuur en voeg een eetlepel boter toe. Als de boter heet en gesmolten is, voeg je de kip toe en bak je hem vijf minuten aan elke kant. Na deze tijd moet de kip goed gaar en goudbruin zijn; Zo ja, plaats deze dan op een bord.

Vervolgens voeg je de bottenbouillon toe aan de warme pan. Voeg zware slagroom, zout en peper toe. Laat de pan vervolgens met rust totdat de saus begint te koken. Laat dit proces vijf minuten staan om de saus dikker te maken.

Als laatste doe je de rest van de boter en de kip in de pan. Zorg ervoor dat je een lepel gebruikt om de saus over de kip te gieten, zodat deze volledig bakt. Bijwonen

Voedingswaarde (per 100 g): 350 calorieën 25 g vet 10 g koolhydraten 25 g eiwit 869 mg natrium

Dubbele kip met spek en kaas

Bereidingstijd: 10 minuten.

Tijd om te koken: 30 minuten

Maaltijden: 4

Moeilijkheidsgraad: Gemakkelijk

Ingrediënten:

- 4 of of 113 gram. Roomkaas
- 1 C. Cheddar-kaas
- 8 reepjes spek
- Zeezout
- Peper
- 2 teentjes knoflook, fijngehakt
- Kipfilet
- 1 eetlepel. Baconvet of boter

Titels:

Zet de oven op 204 graden Celsius. Snijd de kipfilets doormidden om ze uit te dunnen.

Breng op smaak met zout, peper en knoflook. Vet de bakvorm in met boter en leg de kipfilet erin. Voeg roomkaas en cheddarkaas toe bovenop het borststuk.

Voeg ook plakjes spek toe. Zet de pan 30 minuten in de oven. Serveer warm

Voedingswaarde (per 100 g):610 calorieën 32 g vet 3 g koolhydraten 38 g eiwit 759 mg natrium

Garnalen met citroenpeper

Bereidingstijd: 10 minuten.

Tijd om te koken: 10 minuten

Maaltijden: 4

Moeilijkheidsgraad: Gemakkelijk

Ingrediënten:

- 40 garnalen, gepeld
- 6 teentjes knoflook, fijngehakt
- zout en zwarte peper
- 3 eetlepels olijfolie
- ¼ theelepel zoete paprika
- Een snufje gemalen rode peper
- ¼ theelepel geraspte citroenschil
- 3 eetlepels Jerez of andere wijn
- 1½ eetlepel gehakte bieslook
- sap van 1 citroen

Titels:

Zet het vuur middelhoog en plaats de pan op zijn plaats.

Voeg olie en garnalen toe, bestrooi met peper en zout en kook 1 minuut, voeg paprika, knoflook en pepervlokken toe, meng en kook 1 minuut. Voeg voorzichtig de sherry toe en kook nog een minuut.

Haal de garnalen van het vuur, voeg bieslook en citroenschil toe, meng en plaats de garnalen op borden. Voeg overal citroensap toe en serveer

Voedingswaarde (per 100 g): 140 calorieën 1 g vet 5 g koolhydraten 18 g eiwit 694 mg natrium

Gepaneerde en gekruide heilbot

Bereidingstijd: 5 minuten.

Tijd om te koken: 25 minuten

Maaltijden: 4

Moeilijkheidsgraad: Gemakkelijk

Ingrediënten:

- ¼ c. gehakte verse bieslook
- ¼ c. gehakte verse dille
- ¼ theelepel zwarte peper
- ¾ c. panko-broodkruimels
- 1 eetlepel. extra vergine olijfolie
- 1 theelepel fijn geraspte citroenschil
- 1 theelepel zeezout
- 1/3 c. gehakte verse peterselie
- 4 (elk 170 g) heilbotfilets

Titels:

Meng in een middelgrote kom de olijfolie en de overige ingrediënten, behalve de heilbotfilets en het paneermeel.

Leg de heilbotfilets in het mengsel en marineer gedurende 30 minuten. Verwarm de oven voor op 400 F / 204 C. Bekleed een bakplaat met folie en bespuit met kookspray. Doop de filets in paneermeel en leg ze op een bakplaat. 20 minuten in de oven en warm serveren

Voedingswaarde (per 100 g): 667 calorieën 24,5 g vet 2 g koolhydraten 54,8 g eiwit 756 mg natrium

Zalmcurry met mosterd

Bereidingstijd: 10 minuten.

Tijd om te koken: 20 minuten

Maaltijden: 4

Moeilijkheidsgraad: Gemakkelijk

Ingrediënten:

- ¼ theelepel gemalen rode peper of chilipoeder
- ¼ theelepel kurkuma, gemalen
- ¼ theelepel zout
- 1 theelepel honing
- ¼ theelepel knoflookpoeder
- 2 theelepels volkoren mosterd
- 4 zalmfilets (elk 170 g).

Titels:

Meng in een kom de mosterd en de rest van de ingrediënten, behalve de zalm. Verwarm de oven voor op 350 F / 176 C. Vet een bakplaat in met kookspray. Leg de zalm in de ovenschaal, met het vel naar beneden, verdeel het mosterdmengsel gelijkmatig over de filets, plaats in de oven en bak gedurende 10-15 minuten of tot ze schilferig zijn.

Voedingswaarde (per 100 g): 324 calorieën 18,9 g vet 1,3 g koolhydraten 34 g eiwit 593 mg natrium

Zalm met een rozemarijn-walnootkorst

Bereidingstijd: 10 minuten.

Tijd om te koken: 25 minuten

Maaltijden: 4

Moeilijkheidsgraad: gemiddeld

Ingrediënten:

- 1 pond of 450 g. bevroren zalmfilet zonder vel
- 2 theelepels Dijon-mosterd
- 1 teentje knoflook
- ¼ theelepel geraspte citroen
- ½ theelepel honing
- ½ theelepel koosjer zout
- 1 theelepel vers gehakte rozemarijn
- 3 eetlepels Panko-paneermeel
- ¼ theelepel gemalen rode peper
- 3 eetlepels gehakte walnoten
- 2 theelepels extra vergine olijfolie

Titels:

Verwarm de oven voor op 420 F (215 C) en gebruik bakpapier om een omrande bakplaat te bekleden. Meng mosterd, citroenschil, knoflook, citroensap, honing, rozemarijn, gemalen rode peper en zout in een kom. Meng in een andere kom de walnoten, panko en 1 theelepel olie.Bekleed een bakplaat met bakpapier en leg de zalm erop.

Verdeel het mosterdmengsel over de vis en bedek met het pankomengsel. Druppel de resterende olijfolie lichtjes over de zalm. Bak ongeveer 10-12 minuten of tot de zalm uit elkaar valt met een vork. Heet opdienen

Voedingswaarde (per 100 g): 222 calorieën 12 g vet 4 g koolhydraten 0,8 g eiwit 812 mg natrium

Snelle spaghetti met tomaten

Bereidingstijd: 10 minuten.

Tijd om te koken: 25 minuten

Maaltijden: 4

Moeilijkheidsgraad: gemiddeld

Ingrediënten:

- 8 of of 226,7 g spaghetti
- 3 eetlepels olijfolie
- 4 teentjes knoflook, in plakjes gesneden
- 1 jalapeno, in plakjes gesneden
- 2 C. kerstomaatjes
- Zout en peper
- 1 theelepel balsamicoazijn
- ½ kopje geraspte Parmezaanse kaas

Titels:

Breng een grote pan water aan de kook op middelhoog vuur. Voeg een snufje zout toe, breng aan de kook en voeg dan de spaghetti toe. Laat het 8 minuten koken. Terwijl de pasta kookt, verwarm je de olie in een pan en voeg je de knoflook en jalapeno toe. Kook nog 1 minuut en voeg dan de tomaten, peper en zout toe.

Kook 5-7 minuten tot de schil van de tomaat barst.

Voeg azijn toe en haal van het vuur. Giet de spaghetti goed af en meng met de tomatensaus. Bestrooi met kaas en serveer onmiddellijk.

Voedingswaarde (per 100 g): 298 calorieën 13,5 g vet 10,5 g koolhydraten 8 g eiwit 749 mg natrium

Gebakken kaas met oregano en chili

Bereidingstijd: 10 minuten.

Tijd om te koken: 25 minuten

Maaltijden: 4

Moeilijkheidsgraad: Gemakkelijk

Ingrediënten:

- 8 of of 226,7 g fetakaas
- 4 of of 113 g geraspte mozzarella
- 1 chilipeper gesneden
- 1 theelepel gedroogde oregano
- 2 eetlepels olijfolie

Titels:

Doe de fetakaas in een kleine, diepe ovenschaal. Leg de mozzarella erop en breng op smaak met plakjes paprika en oregano. bedek de pan met een deksel. Bak in een voorverwarmde oven op 350 F (176 C) gedurende 20 minuten. Serveer de kaas en geniet ervan.

Voedingswaarde (per 100 g): 292 calorieën 24,2 g vet 5,7 g koolhydraten 2 g eiwit 733 mg natrium

311. Krokante Italiaanse kip

Bereidingstijd: 10 minuten.

Tijd om te koken: 30 minuten

Maaltijden: 4

Moeilijkheidsgraad: Gemakkelijk

Ingrediënten:

- 4 kippendijen
- 1 theelepel gedroogde basilicum
- 1 theelepel gedroogde oregano
- Zout en peper
- 3 eetlepels olijfolie
- 1 eetlepel. balsamico azijn

Titels:

Kruid de kip goed met basilicum en oregano. Gebruik een pan, voeg olie toe en verwarm. Voeg de kip toe aan de hete olie. Bak elke kant gedurende 5 minuten tot ze goudbruin zijn en dek de pan af met een deksel.

Zet het vuur middelhoog en bak gedurende 10 minuten aan één kant, draai de kip vervolgens een paar keer om en bak nog eens 10 minuten tot hij knapperig is. Serveer de kip en geniet ervan.

Voedingswaarde (per 100 g): 262 calorieën 13,9 g vet 11 g koolhydraten 32,6 g eiwit 693 mg natrium

Marokkaanse tajine met groenten

Bereidingstijd: 20 minuten.

Tijd om te koken: 40 minuten

Maaltijden: 2

Moeilijkheidsgraad: gemiddeld

Ingrediënten:

- 2 eetlepels olijfolie
- ½ gesnipperde ui
- 1 teentje knoflook
- 2 kopjes bloemkoolroosjes
- 1 middelgrote wortel, in stukjes van 1 inch gesneden
- 1 kopje in blokjes gesneden aubergine
- 1 blik hele tomaten met sap
- 1 blik kikkererwten (15 ounces / 425 g).
- 2 kleine rode aardappelen
- 1 kopje water
- 1 theelepel pure ahornsiroop
- ½ theelepel kaneel
- ½ theelepel kurkuma
- 1 theelepel komijn
- ½ theelepel zout
- 1 tot 2 theelepels harissapasta

Titels:

Verhit de olijfolie in een pan op middelhoog vuur. Fruit de ui, af en toe roerend, gedurende 5 minuten of tot de ui glazig wordt.

Voeg knoflook, bloemkoolroosjes, wortel, aubergine, tomaat en aardappel toe. Verpletter de tomaten in kleine stukjes met een houten lepel.

Voeg de kikkererwten, water, ahornsiroop, kaneel, kurkuma, komijn en zout toe en roer om te combineren. laat het koken

Als je klaar bent, zet je het vuur middelhoog. Voeg de harissapasta toe, dek af en laat ongeveer 40 minuten sudderen, of tot de groenten gaar zijn. Proef en pas eventueel de smaak aan. Laat rusten voordat u het serveert.

Voedingswaarde (per 100 g): 293 calorieën 9,9 g vet 12,1 g koolhydraten 11,2 g eiwit 811 mg natrium

Saladewraps met kikkererwten en selderie

Bereidingstijd: 10 minuten.

Tijd om te koken: 0 minuten

Maaltijden: 4

Moeilijkheidsgraad: Gemakkelijk

Ingrediënten:

- 1 blik (425 g) natriumarme kikkererwten
- 1 stengel bleekselderij, in dunne plakjes gesneden
- 2 eetlepels fijngesneden rode ui
- 2 eetlepels ongezouten tahini
- 3 eetlepels mosterd en honing
- 1 eetlepel kappertjes, ongedraineerd
- 12 blaadjes botersla

Titels:

Pureer de kikkererwten in een kom met een aardappelstamper of de achterkant van een vork tot ze bijna glad zijn. Voeg groene uien, rode ui, tahini, mosterd en kappertjes toe aan een kom en roer tot alles goed gemengd is.

Leg voor elke portie drie blaadjes sla op een bord, beleg met ¼ van de hummusvulling en rol op. Herhaal met de resterende slablaadjes en het kikkererwtenmengsel.

Voedingswaarde (per 100 g): 182 calorieën 7,1 g vet 3 g koolhydraten 10,3 g eiwit 743 mg natrium

Gegrilde groentespiesjes

Bereidingstijd: 15 minuten.

Tijd om te koken: 10 minuten

Maaltijden: 4

Moeilijkheidsgraad: Gemakkelijk

Ingrediënten:

- 4 middelgrote rode uien, geschild en in 6 plakjes gesneden
- 4 middelgrote courgettes, in plakjes van 1 cm dik gesneden
- 2 steaktomaten, in vieren
- 4 rode paprika's
- 2 oranje paprika's
- 2 gele paprika's
- 2 eetlepels plus 1 theelepel olijfolie

Titels:

Verwarm de grill tot middelhoog vuur. Prik de groenten afwisselend tussen rode ui, courgette, tomaat en paprika van verschillende kleuren. Bestrijk met 2 eetlepels olijfolie.

Vet de grillroosters in met 1 theelepel olijfolie en gril de groentespiesjes gedurende 5 minuten. Draai de spiesjes om en gril nog eens 5 minuten of tot ze naar wens gaar zijn. Laat de spiesjes 5 minuten afkoelen voordat je ze serveert.

Voedingswaarde (per 100 g): 115 calorieën 3 g vet 4,7 g koolhydraten 3,5 g eiwit 647 mg natrium

Gevulde portobello-champignons met tomaten

Bereidingstijd: 10 minuten.

Tijd om te koken: 15 minuten

Maaltijden: 4

Moeilijkheidsgraad: gemiddeld

Ingrediënten:

- 4 grote doppen portobello-champignons
- 3 eetlepels extra vergine olijfolie
- Zout en zwarte peper naar smaak
- 4 zongedroogde tomaten
- 1 kop geraspte mozzarellakaas, verdeeld
- ½ tot ¾ kopje natriumarme tomatensaus

Titels:

Verwarm de grill voor op hoge temperatuur. Leg de hoedjes van de champignons op een bakplaat en besprenkel met olijfolie. Bestrooi met zout en peper. Grill gedurende 10 minuten en draai de hoedjes van de champignons halverwege om, zodat de bovenkant lichtbruin wordt.

Verwijder van de grill. Giet in elk champignonhoedje 1 tomaat, 2 eetlepels kaas en 2 tot 3 eetlepels saus. Leg de champignonhoedjes terug op de grill en gril nog 2 tot 3 minuten. Laat 5 minuten afkoelen voordat u het serveert.

Voedingswaarde (per 100 g): 217 calorieën 15,8 g vet 9 g koolhydraten 11,2 g eiwit 793 mg natrium

Verwelkte paardenbloembladeren met zoete uien

Bereidingstijd: 15 minuten.

Tijd om te koken: 15 minuten

Maaltijden: 4

Moeilijkheidsgraad: Gemakkelijk

Ingrediënten:

- 1 eetlepel extra vergine olijfolie
- 2 fijngehakte teentjes knoflook
- 1 Vidalia-ui, in dunne plakjes gesneden
- ½ kopje natriumarme groentebouillon
- 2 bosjes paardenbloembladeren, fijngehakt
- Versgemalen zwarte peper, naar smaak

Titels:

Verhit de olijfolie in een grote pan op laag vuur. Voeg de knoflook en de ui toe en kook, af en toe roerend, gedurende 2 tot 3 minuten of tot de ui glazig is.

Voeg de groentebouillon en het paardenbloemgroen toe en kook, onder regelmatig roeren, tot ze zacht zijn, 5 tot 7 minuten. Bestrooi met zwarte peper en serveer op een hete plaat.

Voedingswaarde (per 100 g): 81 calorieën 3,9 g vet 4 g koolhydraten 3,2 g eiwit 693 mg natrium

Groenen en mosterdgroenten

Bereidingstijd: 10 minuten.

Tijd om te koken: 15 minuten

Maaltijden: 4

Moeilijkheidsgraad: gemiddeld

Ingrediënten:

- ½ kopje natriumarme groentebouillon
- 1 stengel bleekselderij, grof gesneden
- ½ gesneden zoete ui
- ½ grote rode paprika, in dunne plakjes gesneden
- 2 fijngehakte teentjes knoflook
- 1 bosje mosterdgroen, gehakt

Titels:

Giet de groentebouillon in een grote gietijzeren pan en laat het op middelhoog vuur koken. Voeg de bleekselderij, ui, paprika en knoflook toe. Kook onafgedekt ongeveer 3 tot 5 minuten.

Voeg de mosterdgroenten toe aan de pan en meng goed. Zet het vuur lager en kook tot de vloeistof verdampt en de groenten zacht worden. Haal van het vuur en serveer warm.

Voedingswaarde (per 100 g): 39 calorieën 3,1 g eiwit 6,8 g koolhydraten 3 g eiwit 736 mg natrium

Plantaardige tofu-drank

Bereidingstijd: 5 minuten.

Tijd om te koken: 10 minuten

Maaltijden: 2

Moeilijkheidsgraad: Gemakkelijk

Ingrediënten:

- 2 eetlepels extra vergine olijfolie
- ½ rode ui, fijngehakt
- 1 kopje gehakte boerenkool
- 8 ons (227 g) gesneden champignons
- 227 g tofu, in stukjes gesneden
- 2 fijngehakte teentjes knoflook
- 1 snufje rode pepervlokken
- ½ theelepel zeezout
- 1/8 theelepel versgemalen zwarte peper

Titels:

Kook de olijfolie in een middelgrote koekenpan met anti-aanbaklaag op middelhoog vuur tot hij glanst. Voeg de ui, boerenkool en champignons toe aan de pan. Kook en roer af en toe of tot de groenten bruin zijn.

Voeg de tofu toe en bak 3 tot 4 minuten tot hij zacht is. Voeg de knoflook, rode pepervlokken, zout en zwarte peper toe en kook gedurende 30 seconden. Laat rusten voordat u het serveert.

Voedingswaarde (per 100 g): 233 calorieën 15,9 g vet 2 g koolhydraten 13,4 g eiwit 733 mg natrium

eenvoudige zoodles

Bereidingstijd: 10 minuten.

Tijd om te koken: 5 minuten

Maaltijden: 2

Moeilijkheidsgraad: Gemakkelijk

Ingrediënten:

- 2 eetlepels avocado-olie
- 2 middelgrote courgettes, spiraalvormig
- ¼ theelepel zout
- Versgemalen zwarte peper, naar smaak

Titels:

Verhit de avocado-olie in een grote koekenpan op middelhoog vuur tot deze glinstert. Voeg de courgettenoedels, zout en zwarte peper toe aan de pan en roer. Kook, onder voortdurend roeren, tot ze gaar zijn. Serveer warm.

Voedingswaarde (per 100 g): 128 calorieën 14 g vet 0,3 g koolhydraten 0,3 g eiwit 811 mg natrium

Linzenwraps en tomatenspruitjes

Bereidingstijd: 15 minuten.

Tijd om te koken: 0 minuten

Maaltijden: 4

Moeilijkheidsgraad: Gemakkelijk

Ingrediënten:

- 2 kopjes gekookte linzen
- 5 Roma-tomaten, in blokjes gesneden
- ½ kopje verkruimelde fetakaas
- 10 grote verse basilicumblaadjes, in dunne plakjes gesneden
- ¼ kopje extra vergine olijfolie
- 1 eetlepel balsamicoazijn
- 2 fijngehakte teentjes knoflook
- ½ theelepel rauwe honing
- ½ theelepel zout
- ¼ theelepel versgemalen zwarte peper
- 4 grote koolbladeren, verwijder de stengels

Titels:

Meng de linzen, tomaten, kaas, basilicumblaadjes, olijfolie, azijn, knoflook, honing, zout en zwarte peper en meng goed.

Leg de koolbladeren op een vlak werkoppervlak. Giet gelijke hoeveelheden van het linzenmengsel over de randen van de schelpen. Rol ze op en snij ze doormidden om te serveren.

Voedingswaarde (per 100 g): 318 calorieën 17,6 g vet 27,5 g koolhydraten 13,2 g eiwit 800 mg natrium

Mediterrane groentekom

Bereidingstijd: 10 minuten.

Tijd om te koken: 20 minuten

Maaltijden: 4

Moeilijkheidsgraad: gemiddeld

Ingrediënten:

- 2 kopjes water
- 1 kopje #3 bulgurtarwe of quinoa, gewassen
- 1½ theelepel zout, verdeeld
- 1 pint (2 kopjes) kerstomaatjes, gehalveerd
- 1 grote paprika, gehakt
- 1 grote komkommer, gehakt
- 1 kopje Kalamata-olijven
- ½ kopje vers geperst citroensap
- 1 kopje extra vergine olijfolie
- ½ theelepel versgemalen zwarte peper

Titels:

Breng water aan de kook in een middelgrote pan op middelhoog vuur. Voeg de bulgur (of quinoa) en 1 theelepel zout toe. Dek af en kook gedurende 15 tot 20 minuten.

Om de groenten in uw 4 kommen te verdelen, verdeelt u elke kom visueel in 5 delen. Verdeel de gekookte bulgur in één portie. Volg met tomaten, paprika, komkommers en olijven.

Meng het citroensap, de olijfolie, het resterende ½ theelepel zout en zwarte peper.

Giet de dressing gelijkmatig over alle 4 de kommen. Serveer onmiddellijk of dek af en zet in de koelkast voor later.

Voedingswaarde (per 100 g): 772 calorieën 9 g vet 6 g eiwit 41 g koolhydraten 944 mg natrium

Wrap met geroosterde groenten en hummus

Bereidingstijd: 15 minuten.

Tijd om te koken: 10 minuten

Maaltijden: 6

Moeilijkheidsgraad: gemiddeld

Ingrediënten:

- 1 grote aubergine
- 1 grote ui
- ½ kopje extra vergine olijfolie
- 1 theelepel zout
- 6 rollen lavash of groot pitabroodje
- 1 kopje traditionele romige hummus

Titels:

Verwarm een grill, een grote grillpan of een grote, licht geoliede koekenpan op middelhoog vuur. Snij de aubergine en ui in ringen. Bestrijk de groenten met olijfolie en bestrooi ze met zout.

Kook de groenten aan beide kanten, ongeveer 3 tot 4 minuten aan elke kant. Voor een wrap leg je de lavash of taart plat. Doe ongeveer 2 eetlepels hummus in de wrap.

Verdeel de groenten gelijkmatig over de wraps en plaats ze langs één kant van de wrap. Vouw de zijkant van de wrap met de groenten voorzichtig om, rol ze op en maak een strakke wrap.

Leg de naad van de wikkel naar beneden en snijd hem in twee of drieën.

Je kunt elke sandwich ook in plasticfolie wikkelen, zodat hij zijn vorm behoudt voor later gebruik.

Voedingswaarde (per 100 g): 362 calorieën 10 g vet 28 g koolhydraten 15 g eiwit 736 mg natrium

Spaanse sperziebonen

Bereidingstijd: 10 minuten.

Tijd om te koken: 20 minuten

Maaltijden: 4

Moeilijkheidsgraad: Gemakkelijk

Ingrediënten:

- ¼ kopje extra vergine olijfolie
- 1 grote ui, gehakt
- 4 fijngehakte teentjes knoflook
- 1 pond sperziebonen, vers of bevroren, in plakjes gesneden
- 1½ theelepel zout, verdeeld
- 1 (15 ounce) blikje tomatenblokjes
- ½ theelepel versgemalen zwarte peper

Titels:

Verhit olijfolie, ui en knoflook; kook gedurende 1 minuut. Snijd de sperziebonen in stukjes van 2 inch. Voeg de sperziebonen en 1 theelepel zout toe aan de pot en meng alles door elkaar; kook gedurende 3 minuten. Voeg in blokjes gesneden tomaten, het resterende ½ theelepel zout en zwarte peper toe aan de pot; blijf nog 12 minuten koken, af en toe roeren. Serveer warm.

Voedingswaarde (per 100 g): 200 calorieën 12 g vet 18 g koolhydraten 4 g eiwit 639 mg natrium

Rustieke bloemkool- en wortelhasj

Bereidingstijd: 10 minuten.

Tijd om te koken: 10 minuten

Maaltijden: 4

Moeilijkheidsgraad: Gemakkelijk

Ingrediënten:

- 3 eetlepels extra vergine olijfolie
- 1 grote ui, gehakt
- 1 eetlepel gehakte knoflook
- 2 kopjes gesneden wortels
- 4 kopjes gewassen stukjes bloemkool
- 1 theelepel zout
- ½ theelepel gemalen komijn

Titels:

Fruit de olijfolie, ui, knoflook en wortels gedurende 3 minuten. Snijd de bloemkool in stukjes van 1 inch of hapklare stukjes. Voeg de bloemkool, het zout en de komijn toe aan de pan en roer om te combineren met de wortel en de ui.

Dek af en kook gedurende 3 minuten. Voeg de groenten toe en laat nog 3 tot 4 minuten koken. Serveer warm.

Voedingswaarde (per 100 g): 159 calorieën 17 g vet 15 g koolhydraten 3 g eiwit 569 mg natrium

Gebakken bloemkool en tomaten

Bereidingstijd: 5 minuten.

Tijd om te koken: 25 minuten

Maaltijden: 4

Moeilijkheidsgraad: gemiddeld

Ingrediënten:

- 4 kopjes bloemkool, in stukjes van 1 inch gesneden
- 6 eetlepels extra vergine olijfolie, verdeeld
- 1 theelepel zout, verdeeld
- 4 kopjes kerstomaatjes
- ½ theelepel versgemalen zwarte peper
- ½ kopje geraspte Parmezaanse kaas

Titels:

Verwarm de oven voor op 425 ° F. Voeg in een grote kom bloemkool, 3 eetlepels olijfolie en ½ theelepel zout toe en meng om gelijkmatig te coaten. Leg het in een gelijkmatige laag op de bakplaat.

Voeg in een andere grote kom de tomaten, de resterende 3 eetlepels olijfolie en ½ theelepel zout toe en meng tot een gelijkmatig laagje. Giet op een andere bakplaat. Plaats de bloemkool en de tomatenbladeren in de oven en rooster ze 17 tot 20 minuten, totdat de bloemkool lichtbruin is en de tomaten mollig zijn.

Verdeel de bloemkool met een spatel op een serveerschaal en bestrooi deze met tomaten, zwarte peper en Parmezaanse kaas. Serveer warm.

Voedingswaarde (per 100 g): 294 calorieën 14 g vet 13 g koolhydraten 9 g eiwit 493 mg natrium

Geroosterde eikelpompoen

Bereidingstijd: 10 minuten.

Tijd om te koken: 35 minuten

Maaltijden: 6

Moeilijkheidsgraad: gemiddeld

Ingrediënten:

- 2 courgettes, middelgroot tot groot
- 2 eetlepels extra vergine olijfolie
- 1 theelepel zout plus meer voor kruiden
- 5 eetlepels ongezouten boter
- ¼ kopje gehakte salieblaadjes
- 2 eetlepels verse tijmblaadjes
- ½ theelepel versgemalen zwarte peper

Titels:

Verwarm de oven voor op 400 ° F. Snijd de eikelpompoen in de lengte doormidden. Schraap de zaden eruit en snijd ze horizontaal in plakjes van ¾ inch dik. Meng de pompoen in een grote kom met olijfolie, bestrooi met zout en schep om.

Plaats de eikelpompoen op een bakplaat. Zet de pompoen op een bakplaat in de oven en bak hem gedurende 20 minuten. Draai de pompoen om met een spatel en bak nog eens 15 minuten.

In een middelgrote pan op middelhoog vuur de boter zacht maken. Voeg de salie en de tijm toe aan de gesmolten boter en laat dit 30 seconden koken. Leg de gekookte pompoenplakken op een bord. Giet het boter/kruidenmengsel over de pompoen. Breng op smaak met zout en zwarte peper. Serveer warm.

Voedingswaarde (per 100 g): 188 calorieën 13 g vet 16 g koolhydraten 1 g eiwit 836 mg natrium

Gestoofde spinazie met knoflook

Bereidingstijd: 5 minuten.

Tijd om te koken: 10 minuten

Maaltijden: 4

Moeilijkheidsgraad: Gemakkelijk

Ingrediënten:

- ¼ kopje extra vergine olijfolie
- 1 grote ui, in dunne plakjes gesneden
- 3 teentjes knoflook, gehakt
- 6 zakken (1 pond) gewassen babyspinazie
- ½ theelepel zout
- 1 citroen in partjes gesneden

Titels:

Kook de olijfolie, ui en knoflook in een grote pan op middelhoog vuur gedurende 2 minuten. Voeg het zakje spinazie en ½ theelepel zout toe. Dek de pan af en laat de spinazie 30 seconden staan. Herhaal (laat het zout weg) en voeg 1 zakje spinazie per keer toe.

Nadat je alle spinazie hebt toegevoegd, verwijder je het deksel en kook je 3 minuten om een deel van het vocht te verdampen. Serveer warm met citroenschil erbovenop.

Voedingswaarde (per 100 g): 301 calorieën 12 g vet 29 g koolhydraten 17 g eiwit 639 mg natrium

Geroosterde knoflookcourgette met munt

Bereidingstijd: 5 minuten.

Tijd om te koken: 10 minuten

Maaltijden: 4

Moeilijkheidsgraad: Gemakkelijk

Ingrediënten:

- 3 grote groene courgettes
- 3 eetlepels extra vergine olijfolie
- 1 grote ui, gehakt
- 3 teentjes knoflook, gehakt
- 1 theelepel zout
- 1 theelepel gedroogde munt

Titels:

Snijd de courgette in blokjes van een halve centimeter. Fruit de olijfolie, ui en knoflook gedurende 3 minuten, onder voortdurend roeren.

Voeg de courgette en het zout toe aan de pan en meng met de ui en knoflook en kook 5 minuten. Voeg de munt toe aan de pan en roer om te combineren. Kook nog 2 minuten. Serveer warm.

Voedingswaarde (per 100 g): 147 calorieën 16 g vet 12 g koolhydraten 4 g eiwit 723 mg natrium

gestoofde okra

Bereidingstijd: 55 minuten

Tijd om te koken: 25 minuten

Maaltijden: 4

Moeilijkheidsgraad: Gemakkelijk

Ingrediënten:

- ¼ kopje extra vergine olijfolie
- 1 grote ui, gehakt
- 4 fijngehakte teentjes knoflook
- 1 theelepel zout
- 1 pond verse of bevroren okra, geschild
- 1 blikje (15 ounces) gewone tomatensaus
- 2 kopjes water
- ½ kopje verse koriander, fijngehakt
- ½ theelepel versgemalen zwarte peper

Titels:

Meng en bak de olijfolie, ui, knoflook en zout gedurende 1 minuut. Voeg okra toe en kook gedurende 3 minuten.

Voeg tomatensaus, water, koriander en zwarte peper toe; roer, dek af en kook gedurende 15 minuten, af en toe roerend. Serveer warm.

Voedingswaarde (per 100 g): 201 calorieën 6 g vet 18 g koolhydraten 4 g eiwit 693 mg natrium

Gevulde paprika's met zoete groenten

Bereidingstijd: 20 minuten.

Tijd om te koken: 30 minuten

Maaltijden: 6

Moeilijkheidsgraad: gemiddeld

Ingrediënten:

- 6 grote paprika's in verschillende kleuren
- 3 eetlepels extra vergine olijfolie
- 1 grote ui, gehakt
- 3 teentjes knoflook, gehakt
- 1 gehakte wortel
- 1 (16 ounce) blik kikkererwten, gespoeld en uitgelekt
- 3 kopjes gekookte rijst
- 1½ theelepel zout
- ½ theelepel versgemalen zwarte peper

Titels:

Verwarm de oven voor op 350 ° F. Zorg ervoor dat u paprika's kiest die rechtop kunnen staan. Snijd het hoedje van de paprika af en verwijder de zaadjes. Bewaar het hoedje voor later. Plaats de paprika's in de ovenschaal.

Verhit de olijfolie, ui, knoflook en wortels gedurende 3 minuten. Voeg kikkererwten toe. Kook nog 3 minuten. Haal de pan van het vuur en giet de gekookte ingrediënten in een grote kom. Voeg rijst, zout en peper toe; roer om te combineren.

Vul elke paprika tot de bovenkant en verwissel de peperhoedjes. Bekleed de bakplaat met aluminiumfolie en bak gedurende 25 minuten. Verwijder de folie en bak nog eens 5 minuten. Serveer warm.

Voedingswaarde (per 100 g): 301 calorieën 15 g vet 50 g koolhydraten 8 g eiwit 803 mg natrium

Moussaka van aubergines

Bereidingstijd: 55 minuten

Tijd om te koken: 40 minuten

Maaltijden: 6

Moeilijkheidsgraad: moeilijk

Ingrediënten:

- 2 grote aubergines
- 2 theelepels zout, verdeeld
- olijfolie spray
- ¼ kopje extra vergine olijfolie
- 2 grote uien, in plakjes gesneden
- 10 teentjes knoflook, in plakjes gesneden
- 2 blikjes tomatenblokjes (15 ounces).
- 1 (16 ounce) blik kikkererwten, gespoeld en uitgelekt
- 1 theelepel gedroogde oregano
- ½ theelepel versgemalen zwarte peper

Titels:

Snijd de aubergine horizontaal in rondjes van ¼ inch dik. Bestrooi de plakjes aubergine met 1 theelepel zout en plaats ze gedurende 30 minuten in een vergiet.

Verwarm de oven voor op 200°C. Dep de plakjes aubergine droog met keukenpapier en bespuit elke kant met olijfoliespray of bestrijk elke kant lichtjes met olijfolie.

Verdeel de aubergines in een enkele laag op de bakplaat. Plaats in de oven en bak gedurende 10 minuten. Draai de plakjes vervolgens om met een spatel en bak nog eens 10 minuten.

Fruit de olijfolie, ui, knoflook en de resterende theelepel zout. Kook gedurende 5 minuten terwijl u af en toe roert. Voeg tomaten, kikkererwten, oregano en zwarte peper toe. Kook op laag vuur gedurende 12 minuten, onder voortdurend roeren.

Begin met het aanbrengen van lagen in de diepe ovenschaal, te beginnen met de aubergine en vervolgens de saus. Herhaal dit totdat alle ingrediënten zijn gebruikt. Bak 20 minuten in de oven. Haal uit de oven en serveer warm.

Voedingswaarde (per 100 g): 262 calorieën 11 g vet 35 g koolhydraten 8 g eiwit 723 mg natrium

Wijnbladeren gevuld met groenten

Bereidingstijd: 50 minuten.

Tijd om te koken: 45 minuten

Maaltijden: 8

Moeilijkheidsgraad: gemiddeld

Ingrediënten:

- 2 kopjes witte rijst, gewassen
- 2 grote tomaten, fijngehakt
- 1 grote ui, fijngehakt
- 1 fijngehakte groene ui
- 1 kopje verse Italiaanse peterselie, fijngehakt
- 3 teentjes knoflook, gehakt
- 2½ theelepel zout
- ½ theelepel versgemalen zwarte peper
- 1 kopje (16 ons) druivenbladeren
- 1 kopje citroensap
- ½ kopje extra vergine olijfolie
- 4 tot 6 kopjes water

Titels:

Meng de rijst, tomaten, uien, groene uien, peterselie, knoflook, zout en zwarte peper. Giet de wijnbladeren af en spoel ze af. Maak een grote pot klaar door een laag druivenbladeren op de bodem te leggen. Leg elk blad plat en snijd de stelen af.

Plaats 2 eetlepels van het rijstmengsel op de bodem van elk blad. Vouw de zijkanten naar binnen en rol het vervolgens zo strak mogelijk op. Plaats de gedraaide wijnbladeren in de pot en lijn elk gedraaid wijnblad uit. Ga door met het laden van de gedraaide wijnbladeren.

Giet het citroensap en de olijfolie voorzichtig over de wijnbladeren en voeg net genoeg water toe zodat de wijnbladeren 1 cm onder water staan. Plaats een zwaar bord kleiner dan de opening van de pot ondersteboven op de wijnbladeren. Dek de pan af en kook de bladeren op middelhoog vuur gedurende 45 minuten. Laat 20 minuten rusten alvorens te serveren. Serveer warm of koud.

Voedingswaarde (per 100 g): 532 calorieën 15 g vet 80 g koolhydraten 12 g eiwit 904 mg natrium

Gegrilde auberginerolletjes

Bereidingstijd: 30 minuten.

Tijd om te koken: 10 minuten

Maaltijden: 6

Moeilijkheidsgraad: gemiddeld

Ingrediënten:

- 2 grote aubergines
- 1 theelepel zout
- 4 ons geitenkaas
- 1 kopje ricotta
- ¼ kopje verse basilicum, fijngehakt
- ½ theelepel versgemalen zwarte peper
- olijfolie spray

Titels:

Snijd de bovenkant van de aubergines af en snijd ze in de lengte in plakjes van ¼ cm dik. Bestrooi de plakjes met zout en plaats de aubergines 15 tot 20 minuten in een vergiet.

Klop de geitenkaas, ricotta, basilicum en peper los. Verhit een grill, grillpan of licht geoliede koekenpan op middelhoog vuur. Droog de plakjes aubergine en bestrijk ze lichtjes met olijfoliespray. Leg de aubergines op de grill, bakplaat of pan en bak ze 3 minuten aan elke kant.

Haal de aubergine van het vuur en laat 5 minuten afkoelen. Leg voor het broodje een plakje aubergine op een vlakke ondergrond, doe een lepel van het kaasmengsel op de bodem van het plakje en rol het op. Serveer onmiddellijk of bewaar in de koelkast tot het serveren.

Voedingswaarde (per 100 g): 255 calorieën 7 g vet 19 g koolhydraten 15 g eiwit 793 mg natrium

Krokante courgettebeignets

Bereidingstijd: 15 minuten.

Tijd om te koken: 20 minuten

Maaltijden: 6

Moeilijkheidsgraad: Gemakkelijk

Ingrediënten:

- 2 grote groene courgettes
- 2 eetlepels Italiaanse peterselie, fijngehakt
- 3 teentjes knoflook, gehakt
- 1 theelepel zout
- 1 kopje bloem
- 1 groot ei, losgeklopt
- ½ kopje water
- 1 theelepel bakpoeder
- 3 kopjes plantaardige of avocado-olie

Titels:

Rasp de courgette in een grote kom. Voeg peterselie, knoflook, zout, bloem, ei, water en bakpoeder toe aan een kom en meng. Verhit de olie tot 365 ° F in een grote pan of frituurpan op middelhoog vuur.

Schep het buñuelos-mengsel in de hete olie. Draai de beignets om met een schuimspaan en bak ze in 2 tot 3 minuten goudbruin. Giet de beignets uit de olie en plaats ze op een bord bekleed met keukenpapier. Serveer warm met romige Tzatziki of romige traditionele hummus als dip.

Voedingswaarde (per 100 g): 446 calorieën 2 g vet 19 g koolhydraten 5 g eiwit 812 mg natrium

Spinaziemuffins met kaas

Bereidingstijd: 20 minuten.

Tijd om te koken: 40 minuten

Maaltijden: 8

Moeilijkheidsgraad: moeilijk

Ingrediënten:

- 2 eetlepels extra vergine olijfolie
- 1 grote ui, gehakt
- 2 fijngehakte teentjes knoflook
- 3 zakken (1 pond) babyspinazie, gewassen
- 1 kopje fetakaas
- 1 groot ei, losgeklopt
- vellen bladerdeeg

Titels:

Verwarm de oven voor op 375 ° F. Verhit olijfolie, ui en knoflook gedurende 3 minuten. Voeg de spinazie één voor één toe aan de pan en laat deze tussen elk zakje slinken. Meng met een tang. Kook gedurende 4 minuten. Als de spinazie gaar is, giet je het overtollige vocht uit de pan.

Meng feta, ei en gekookte spinazie in een grote kom. Leg het bladerdeeg op het aanrecht. Snijd het deeg in vierkanten van 3 inch. Schep een lepel spinaziemengsel in het midden van het bladerdeegvierkant. Vouw een hoek van het vierkant naar de diagonale hoek om een driehoek te maken. Snijd de randen van de cake af door deze met de punten van een vork naar beneden te drukken, zodat deze goed sluiten. Herhaal dit totdat alle vierkantjes gevuld zijn.

Plaats de cakes op een met bakpapier beklede bakplaat en bak ze 25 tot 30 minuten of tot ze goudbruin zijn. Serveer warm of op kamertemperatuur.

Voedingswaarde (per 100 g): 503 calorieën 6 g vet 38 g koolhydraten 16 g eiwit 836 mg natrium

Komkommer hapjes

Bereidingstijd: 5 minuten.

Tijd om te koken: 0 minuten

Maaltijden: 12

Moeilijkheidsgraad: Gemakkelijk

Ingrediënten:

- 1 gesneden komkommer
- 8 sneetjes volkorenbrood
- 2 eetlepels gladde roomkaas
- 1 eetlepel gehakte bieslook
- ¼ kopje avocado, geschild, ontpit en gepureerd
- 1 theelepel mosterd
- Zout en zwarte peper naar smaak

Titels:

Verdeel de geprakte avocado over elk sneetje brood en verdeel ook de rest van de ingrediënten behalve de plakjes komkommer.

Verdeel de plakjes komkommer over de sneetjes brood, snijd elk sneetje in drieën, schik op een bord en serveer als voorgerecht.

Voedingswaarde (per 100 g): 187 calorieën 12,4 g vet 4,5 g koolhydraten 8,2 g eiwit 736 mg natrium

yoghurtdip

Bereidingstijd: 10 minuten.

Tijd om te koken: 0 minuten

Maaltijden: 6

Moeilijkheidsgraad: Gemakkelijk

Ingrediënten:

- 2 kopjes Griekse yoghurt
- 2 eetlepels geroosterde en gehakte pistachenoten
- Een snufje zout en witte peper.
- 2 eetlepels gemalen munt
- 1 eetlepel Kalamata-olijven, ontpit en in plakjes gesneden
- ¼ kopje zaatar-kruiden
- ¼ kopje granaatappelpitjes
- 1/3 kopje olijfolie

Titels:

Yoghurt wordt gemengd met pistachenoten en andere ingrediënten, goed geslagen, in kopjes verdeeld en geserveerd met pitabroodjes ernaast.

Voedingswaarde (per 100 g): 294 calorieën 18 g vet 2 g koolhydraten 10 g eiwit 593 mg natrium

tomaten spiesje

Bereidingstijd: 10 minuten.

Tijd om te koken: 10 minuten

Maaltijden: 6

Moeilijkheidsgraad: Gemakkelijk

Ingrediënten:

- 1 stokbrood, in plakjes gesneden
- 1/3 kop gehakte basilicum
- 6 in blokjes gesneden tomaten
- 2 fijngehakte teentjes knoflook
- Een snufje zout en zwarte peper.
- 1 theelepel olijfolie
- 1 eetlepel balsamicoazijn
- ½ theelepel knoflookpoeder
- bak spray

Titels:

Leg de sneetjes stokbrood op een met bakpapier beklede bakplaat en vet in met bakspray. Bak gedurende 10 minuten op 400 graden.

Meng de tomaten met de basilicum en de overige ingrediënten, meng goed en laat 10 minuten staan. Verdeel het tomatenmengsel over elk sneetje stokbrood, schik alles op een bord en serveer.

Voedingswaarde (per 100 g): 162 calorieën 4 g vet 29 g koolhydraten 4 g eiwit 736 mg natrium

Tomaat gevuld met olijven en kaas

Bereidingstijd: 10 minuten.

Tijd om te koken: 0 minuten

Maaltijden: 24

Moeilijkheidsgraad: Gemakkelijk

Ingrediënten:

- 24 kerstomaatjes waarvan de bovenkant is afgesneden en de binnenkant is uitgehold
- 2 eetlepels olijfolie
- ¼ theelepel rode peper
- ½ kopje fetakaas, verkruimeld
- 2 eetlepels zwarte olijvenpasta
- ¼ kopje munt, gescheurd

Titels:

Meng de olijvenpasta in een kom met de andere ingrediënten behalve de kerstomaatjes en meng goed. Vul de kerstomaatjes met dit mengsel, schik alles in een kom en serveer als aperitiefhapje.

Voedingswaarde (per 100 g): 136 calorieën 8,6 g vet 5,6 g koolhydraten 5,1 g eiwit 648 mg natrium

pepertapenade

Bereidingstijd: 10 minuten.

Tijd om te koken: 0 minuten

Maaltijden: 4

Moeilijkheidsgraad: Gemakkelijk

Ingrediënten:

- 7 ons geroosterde rode paprika, gehakt
- ½ kopje geraspte Parmezaanse kaas
- 1/3 kop gehakte peterselie
- 14 ons ingeblikte artisjokken, uitgelekt en gehakt
- 3 eetlepels olijfolie
- ¼ kopje kappertjes, uitgelekt
- 1 en ½ eetlepel citroensap
- 2 fijngehakte teentjes knoflook

Titels:

Meng de rode peper met Parmezaanse kaas en andere ingrediënten in een blender en pureer goed. Verdeel in kopjes en serveer als tussendoortje.

Voedingswaarde (per 100 g): 200 calorieën 5,6 g vet 12,4 g koolhydraten 4,6 g eiwit 736 mg natrium

koriander falafel

Bereidingstijd: 10 minuten.

Tijd om te koken: 10 minuten

Maaltijden: 8

Moeilijkheidsgraad: Gemakkelijk

Ingrediënten:

- 1 kopje kikkererwten uit blik
- 1 bosje peterselieblaadjes
- 1 gehakte gele ui
- 5 fijngehakte teentjes knoflook
- 1 theelepel gemalen koriander
- Een snufje zout en zwarte peper.
- ¼ theelepel cayennepeper
- ¼ theelepel zuiveringszout
- ¼ theelepel komijnpoeder
- 1 theelepel citroensap.
- 3 eetlepels tapiocameel
- olijfolie om te bakken

Titels:

Meng de bonen in een keukenmachine met de peterselie, ui en andere ingrediënten behalve de olie en de bloem en meng goed. Doe het mengsel in een kom, voeg de bloem toe, meng goed, vorm 16 balletjes van dit mengsel en druk ze iets plat.

Verhit de pan op middelhoog vuur, voeg de falafel toe, kook 5 minuten aan beide kanten, plaats op keukenpapier, laat het overtollige vet uitlekken, schik op een bord en serveer als aperitief.

Voedingswaarde (per 100 g): 122 calorieën 6,2 g vet 12,3 g koolhydraten 3,1 g eiwit 699 mg natrium

hummus van rode peper

Bereidingstijd: 10 minuten.

Tijd om te koken: 0 minuten

Maaltijden: 6

Moeilijkheidsgraad: Gemakkelijk

Ingrediënten:

- 6 ons geroosterde rode paprika, geschild en in blokjes gesneden
- 16 ons ingeblikte kikkererwten, uitgelekt en gewassen
- ¼ kopje Griekse yoghurt
- 3 eetlepels tahinipasta
- sap van 1 citroen
- 3 teentjes knoflook, gehakt
- 1 eetlepel olijfolie
- Een snufje zout en zwarte peper.
- 1 eetlepel gehakte peterselie

Titels:

Meng de rode paprika in je keukenmachine met de rest van de ingrediënten, behalve de olie en peterselie, en meng goed. Voeg olie toe, roer opnieuw, verdeel in kopjes, bestrooi met peterselie en serveer als feestspread.

Voedingswaarde (per 100 g): 255 calorieën 11,4 g vet 17,4 g koolhydraten 6,5 g eiwit 593 mg natrium

Witte bonendip

Bereidingstijd: 10 minuten.

Tijd om te koken: 0 minuten

Maaltijden: 4

Moeilijkheidsgraad: Gemakkelijk

Ingrediënten:

- 15 ons ingeblikte marinebonen, uitgelekt en gespoeld
- 6 ons ingeblikte artisjokharten, uitgelekt en in vieren gedeeld
- 4 teentjes knoflook, gehakt
- 1 eetlepel gehakte basilicum
- 2 eetlepels olijfolie
- Sap van ½ citroen
- Geraspte schil van ½ citroen
- Zout en zwarte peper naar smaak

Titels:

Meng de bonen in je keukenmachine met de artisjokken en de rest van de ingrediënten, behalve de olie en peulvruchten. Giet geleidelijk de olie erbij, pureer het mengsel opnieuw, verdeel het in kopjes en serveer als dip.

Voedingswaarde (per 100 g): 27 calorieën 11,7 g vet 18,5 g koolhydraten 16,5 g eiwit 668 mg natrium

Hummus met lamsgehakt

Bereidingstijd: 10 minuten.

Tijd om te koken: 15 minuten

Maaltijden: 8

Moeilijkheidsgraad: Gemakkelijk

Ingrediënten:

- 10 ons hummus
- 12 ons gemalen lamsvlees
- ½ kopje granaatappelpitjes
- ¼ kopje gehakte peterselie
- 1 eetlepel olijfolie
- pitabroodjes om te serveren

Titels:

Verhit de pan op middelhoog vuur, kook het vlees en bak het gedurende 15 minuten, onder regelmatig roeren. Verdeel de hummus op een bord, bestrooi met lamsgehakt, bestrooi met granaatappel- en peterseliezaadjes en serveer met pitabroodjes als tussendoortje.

Voedingswaarde (per 100 g): 133 calorieën 9,7 g vet 6,4 g koolhydraten 5,4 g eiwit 659 mg natrium

aubergine dip

Bereidingstijd: 10 minuten.

Tijd om te koken: 40 minuten

Maaltijden: 4

Moeilijkheidsgraad: Gemakkelijk

Ingrediënten:

- 1 aubergine, gehakt met een vork
- 2 eetlepels tahinipasta
- 2 eetlepels citroensap
- 2 fijngehakte teentjes knoflook
- 1 eetlepel olijfolie
- Zout en zwarte peper naar smaak
- 1 eetlepel gehakte peterselie

Titels:

Plaats de aubergine in een ovenschaal, bak gedurende 40 minuten op 400 graden F, koel af, schil en breng over naar een keukenmachine. Meng de rest van de ingrediënten behalve de peterselie, prik er goed doorheen, verdeel het in kleine kommetjes en serveer als aperitief met de peterselie erbovenop.

Voedingswaarde (per 100 g): 121 calorieën 4,3 g vet 1,4 g koolhydraten 4,3 g eiwit 639 mg natrium

groente beignets

Bereidingstijd: 10 minuten.

Tijd om te koken: 10 minuten

Maaltijden: 8

Moeilijkheidsgraad: Gemakkelijk

Ingrediënten:

- 2 fijngehakte teentjes knoflook
- 2 gehakte gele uien
- 4 gehakte bieslook
- 2 geraspte wortels
- 2 theelepels gemalen komijn
- ½ theelepel kurkumapoeder
- Zout en zwarte peper naar smaak
- ¼ theelepel gemalen koriander
- 2 eetlepels gehakte peterselie
- ¼ theelepel citroensap
- ½ kopje amandelmeel
- 2 pesos, geschild en geraspt
- 2 losgeklopte eieren
- ¼ kopje tapiocameel
- 3 eetlepels olijfolie

Titels:

Meng in een kom de knoflook met de ui, de lente-ui en de rest van de ingrediënten behalve de olie, meng goed en vorm middelgrote beignets van dit mengsel.

Verhit de pan op middelhoog vuur, plaats de beignets, bak ze 5 minuten aan elke kant, leg ze op een bord en serveer.

Voedingswaarde (per 100 g): 209 calorieën 11,2 g vet 4,4 g koolhydraten 4,8 g eiwit 726 mg natrium

Bulgur lamsgehaktballetjes

Bereidingstijd: 10 minuten.

Tijd om te koken: 15 minuten

Maaltijden: 6

Moeilijkheidsgraad: Gemakkelijk

Ingrediënten:

- 1 en ½ kopje Griekse yoghurt
- ½ theelepel gemalen komijn
- 1 kopje komkommer, geraspt
- ½ theelepel gehakte knoflook
- Een snufje zout en zwarte peper.
- 1 kopje bulgur
- 2 kopjes water
- 1 pond lamsvlees, gemalen
- ¼ kopje gehakte peterselie
- ¼ kopje gehakte sjalotten
- ½ theelepel piment, gemalen
- ½ theelepel gemalen kaneel
- 1 eetlepel olijfolie

Titels:

Meng de bulgur met water, dek de kom af, laat 10 minuten staan, laat uitlekken en doe in de kom. Voeg vlees, yoghurt en andere ingrediënten behalve olie toe, meng goed en vorm middelgrote pasteitjes van dit mengsel. Verhit de pan op middelhoog vuur, voeg de gehaktballetjes toe, kook ze 7 minuten aan elke kant, schik alles op een bord en serveer als aperitief.

Voedingswaarde (per 100 g): 300 calorieën 9,6 g vet 22,6 g koolhydraten 6,6 g eiwit 644 mg natrium

Komkommer hapjes

Bereidingstijd: 10 minuten.

Tijd om te koken: 0 minuten

Maaltijden: 12

Moeilijkheidsgraad: Gemakkelijk

Ingrediënten:

- 1 Engelse komkommer, in 32 plakjes gesneden
- 10 ons hummus
- 16 kerstomaatjes, gehalveerd
- 1 eetlepel gehakte peterselie
- 1 ons fetakaas, verkruimeld

Titels:

Verdeel hummus over elk rondje komkommer, verdeel de halve tomaten erover, bestrooi met kaas en peterselie en serveer als voorgerecht.

Voedingswaarde (per 100 g): 162 calorieën 3,4 g vet 6,4 g koolhydraten 2,4 g eiwit 702 mg natrium

Gevulde avocado

Bereidingstijd: 10 minuten.

Tijd om te koken: 0 minuten

Maaltijden: 2

Moeilijkheidsgraad: Gemakkelijk

Ingrediënten:

- 1 avocado, gehalveerd en ontpit
- 10 ons tonijn uit blik, uitgelekt
- 2 eetlepels zongedroogde tomaten, in plakjes gesneden
- 1 en ½ eetlepel basilicumpesto
- 2 eetlepels zwarte olijven, ontpit en in plakjes gesneden
- Zout en zwarte peper naar smaak
- 2 theelepels geroosterde en gehakte pijnboompitten
- 1 eetlepel gehakte basilicum

Titels:

Meng de tonijn met de zongedroogde tomaten en de rest van de ingrediënten behalve de avocado en meng. Vul de avocadohelften met het tonijnmengsel en serveer als voorgerecht.

Voedingswaarde (per 100 g): 233 calorieën 9 g vet 11,4 g koolhydraten 5,6 g eiwit 735 mg natrium

verpakte pruimen

Bereidingstijd: 5 minuten.

Tijd om te koken: 0 minuten

Maaltijden: 8

Moeilijkheidsgraad: Gemakkelijk

Ingrediënten:

- 2 ons prosciutto, in 16 stukken gesneden
- 4 pruimen, in vieren
- 1 eetlepel gehakte bieslook
- Een snufje gemalen rode peper

Titels:

Verpak elk kwart van de pruim in een plakje prosciutto, schik het geheel op een bord, bestrooi het geheel met bieslook en pepervlokken en serveer.

Voedingswaarde (per 100 g): 30 calorieën 1 g vet 4 g koolhydraten 2 g eiwit 439 mg natrium

Gemarineerde feta en artisjokken

Voorbereidingstijd: 10 minuten plus 4 uur inactiviteit

Tijd om te koken: 10 minuten

Maaltijden: 2

Moeilijkheidsgraad: Gemakkelijk

Ingrediënten:

- 4 ons traditionele Griekse fetakaas, in blokjes van ½ inch gesneden
- 4 ons uitgelekte artisjokharten, in de lengte in vieren gesneden
- 1/3 kopje extra vergine olijfolie
- Schil en sap van 1 citroen
- 2 eetlepels grof gesneden verse rozemarijn
- 2 eetlepels gehakte verse peterselie
- ½ theelepel zwarte peperkorrels

Titels:

Meng feta en artisjokharten in een glazen kom. Voeg de olijfolie, de citroenschil en het sap, de rozemarijn, de peterselie en de peperkorrels toe en roer voorzichtig zodat het geheel bedekt is. Zorg ervoor dat de feta niet kapot gaat.

Laat 4 uur of maximaal 4 dagen afkoelen. Haal 30 minuten voor het serveren uit de koelkast.

Voedingswaarde (per 100 g): 235 calorieën 23 g vet 1 g koolhydraten 4 g eiwit 714 mg natrium

Tonijnkroketten

Voorbereidingstijd: 40 minuten, plus een nacht om af te koelen
Tijd om te koken: 25 minuten
Maaltijden: 36
Moeilijkheidsgraad: moeilijk

Ingrediënten:

- 6 eetlepels extra vierge olijfolie plus 1 tot 2 kopjes
- 5 eetlepels amandelmeel, plus 1 kopje, verdeeld
- 1¼ kopjes zware room
- 1 blikje geelvintonijn verpakt in olijfolie
- 1 eetlepel gehakte rode ui
- 2 theelepels gehakte kappertjes
- ½ theelepel gedroogde dille
- ¼ theelepel versgemalen zwarte peper
- 2 grote eieren
- 1 kopje panko-broodkruimels (of glutenvrije versie)

Titels:

Verhit 6 eetlepels olijfolie in een grote koekenpan op middelhoog vuur. Voeg 5 eetlepels amandelmeel toe en kook, onder voortdurend roeren, tot er een gladde pasta ontstaat en de bloem lichtbruin is, 2 tot 3 minuten.

Selecteer middelhoog vuur en klop geleidelijk de slagroom erdoor, onder voortdurend kloppen, tot het volledig glad en dik is, nog 4 tot 5 minuten. Tonijn, rode ui, kappertjes, dille en peper verwijderen en toevoegen.

Breng het mengsel over naar een vierkante pan van 20 cm die je goed hebt bedekt met olijfolie en op kamertemperatuur hebt laten staan. Verpak en bewaar gedurende 4 uur of een nacht in de koelkast. Zet drie kommen op een rij om de kroketten te vormen. Klop de eieren in één. Voeg in een andere het resterende amandelmeel toe. Voeg panko toe aan de derde. Bekleed de bakplaat met bakpapier.

Doe een lepel van het koud bereide deeg in het bloemmengsel en rol het uit tot het bedekt is. Schud het overtollige eraf en rol met je handen in een ovale vorm.

Dompel de kroket in het losgeklopte ei en bestrijk hem lichtjes met panko. Leg het op een beklede bakplaat en herhaal met het resterende deeg.

Verhit de resterende 1 tot 2 kopjes olijfolie in een kleine koekenpan op middelhoog vuur.

Als de olie heet is, bak je 3 of 4 kroketten per keer, afhankelijk van de grootte van de pan. Haal ze er met een schuimspaan uit als ze goudbruin zijn. U moet de olietemperatuur van tijd tot tijd aanpassen om brandwonden te voorkomen. Als de kroketten heel snel donker worden, verlaag dan de temperatuur.

Voedingswaarde (per 100 g): 245 calorieën 22 g vet 1 g koolhydraten 6 g eiwit 801 mg natrium

Rucola van gerookte zalm

Bereidingstijd: 10 minuten.

Tijd om te koken: 15 minuten

Maaltijden: 4

Moeilijkheidsgraad: Gemakkelijk

Ingrediënten:

- 6 ons gerookte wilde zalm
- 2 eetlepels geroosterde knoflookaioli
- 1 eetlepel Dijon-mosterd
- 1 eetlepel gehakte bieslook, alleen groene delen
- 2 theelepels gehakte kappertjes
- ½ theelepel gedroogde dille
- 4 stuks andijvie of hartjes sla
- ½ Engelse komkommer, in plakjes van ¼ inch dik gesneden

Titels:

Snijd de gerookte zalm in grotere stukken en doe ze in een kleine kom. Voeg de aioli, dijon, bieslook, kappertjes en dille toe en meng goed. Bestrijk de andijviestengels en plakjes komkommer met een lepel van het gerookte zalmmengsel en geniet er gekoeld van.

Voedingswaarde (per 100 g): 92 calorieën 5 g vet 1 g koolhydraten 9 g eiwit 714 mg natrium

Gemarineerde olijven met citrusvruchten

Bereidingstijd: 4 uur.

Tijd om te koken: 0 minuten

Maaltijden: 2

Moeilijkheidsgraad: Gemakkelijk

Ingrediënten:

- 2 kopjes ontpitte gemengde groene olijven
- ¼ kopje rode wijnazijn
- ¼ kopje extra vergine olijfolie
- 4 fijngehakte teentjes knoflook
- Schil en sap van 1 grote sinaasappel
- 1 theelepel rode peper
- 2 laurierblaadjes
- ½ theelepel gemalen komijn
- ½ theelepel gemalen kruiden

Titels:

Voeg olijven, azijn, olie, knoflook, sinaasappelschil en sap, rode pepervlokken, laurier, komijn en piment toe en meng goed. Dek af en zet 4 uur of maximaal een week in de koelkast om de olijven te marineren, en roer opnieuw voordat je ze serveert.

Voedingswaarde (per 100 g): 133 calorieën 14 g vet 2 g koolhydraten 1 g eiwit 714 mg natrium

Olijftapenade met ansjovis

Voorbereidingstijd: 1 uur en 10 minuten

Tijd om te koken: 0 minuten

Maaltijden: 2

Moeilijkheidsgraad: gemiddeld

Ingrediënten:

- 2 kopjes ontpitte Kalamata of andere zwarte olijven
- 2 gehakte ansjovisfilets
- 2 theelepels gehakte kappertjes
- 1 fijngehakt teentje knoflook
- 1 gekookt eigeel
- 1 theelepel Dijon-mosterd
- ¼ kopje extra vergine olijfolie
- Crackers met zaden, ronde veelzijdige snacks of groenten, om te serveren (optioneel)

Titels:

Spoel de olijven af met koud water en laat ze goed uitlekken. Doe de uitgelekte olijven, ansjovis, kappertjes, knoflook, eigeel en Dijon in een keukenmachine, blender of grote kan (als je een staafmixer gebruikt). Proces om een dikke pasta te vormen. Voeg geleidelijk olijfolie toe terwijl je rent.

Doe het in een kleine kom, dek het af en zet het minimaal 1 uur in de koelkast, zodat de smaken zich kunnen ontwikkelen. Serveer met pitloze crackers, op een veelzijdige ronde sandwich of met je favoriete knapperige groenten.

Voedingswaarde (per 100 g): 179 calorieën 19 g vet 2 g koolhydraten 2 g eiwit 82 mg natrium

Griekse duivelse eieren

Bereidingstijd: 45 minuten.

Tijd om te koken: 15 minuten

Maaltijden: 4

Moeilijkheidsgraad: Gemakkelijk

Ingrediënten:

- 4 grote hardgekookte eieren
- 2 eetlepels geroosterde knoflookaioli
- ½ kopje fijn verkruimelde fetakaas
- 8 ontpitte Kalamata-olijven, fijngehakt
- 2 eetlepels gehakte zongedroogde tomaten
- 1 eetlepel gehakte rode ui
- ½ theelepel gedroogde dille
- ¼ theelepel versgemalen zwarte peper

Titels:

Snijd de hardgekookte eieren in de lengte doormidden, verwijder de dooiers en doe ze in een middelgrote kom. Bewaar de eiwithelften en zet apart. Klop de dooiers goed los met een vork. Voeg de aioli, feta, olijven, zongedroogde tomaten, ui, dille en peper toe en roer tot een gladde en romige massa.

Giet de vulling in elke eiwithelft en zet afgedekt in de koelkast gedurende 30 minuten of maximaal 24 uur.

Voedingswaarde (per 100 g): 147 calorieën 11 g vet 6 g koolhydraten 9 g eiwit 736 mg natrium

Manchegan-koekjes

Voorbereidingstijd: 1 uur en 15 minuten

Tijd om te koken: 15 minuten

Maaltijden: 20

Moeilijkheidsgraad: moeilijk

Ingrediënten:

- 4 eetlepels boter, op kamertemperatuur
- 1 kop fijn geraspte Manchego-kaas
- 1 kopje amandelmeel
- 1 theelepel zout, verdeeld
- ¼ theelepel versgemalen zwarte peper
- 1 groot ei

Titels:

Klop de boter en de geraspte kaas met een elektrische mixer tot alles goed gemengd en glad is. Voeg het amandelmeel toe met ½ theelepel zout en peper. Voeg geleidelijk het amandelmeelmengsel toe aan de kaas en meng voortdurend totdat het deeg een bal vormt.

Leg een stuk perkament of plasticfolie en rol het in een blok van ongeveer 1½ inch dik. Sluit goed af en vries vervolgens minimaal 1 uur in. Verwarm de oven voor op 350 ° F. Bekleed 2 bakplaten met bakpapier of siliconen bakmatten.

Om het losgeklopte ei te maken, klopt u het ei en de resterende ½ theelepel zout. Snijd het gekoelde deeg in kleine plakjes, ongeveer ¼ inch dik, en plaats ze op de beklede bakplaten.

Bestrijk de bovenkant van de koekjes met eierwas en bak tot de koekjes goudbruin en knapperig zijn. Plaats op een rooster om af te koelen.

Serveer warm of bewaar, eenmaal volledig afgekoeld, maximaal 1 week in een luchtdichte verpakking in de koelkast.

Voedingswaarde (per 100 g): 243 calorieën 23 g vet 1 g koolhydraten 8 g eiwit 804 mg natrium

Burrata Caprese-stapel

Bereidingstijd: 5 minuten.

Tijd om te koken: 0 minuten

Maaltijden: 4

Moeilijkheidsgraad: Gemakkelijk

Ingrediënten:

- 1 grote biologische tomaat, bij voorkeur erfstuk
- ½ theelepel zout
- ¼ theelepel versgemalen zwarte peper
- 1 bal (4 ons) burrata-kaas
- 8 verse basilicumblaadjes, in dunne plakjes gesneden
- 2 eetlepels extra vergine olijfolie
- 1 eetlepel rode wijn of balsamicoazijn

Titels:

Snij de tomaat in 4 dikke plakken, verwijder het midden van het harde deel en bestrooi met peper en zout. Schik de tomaten op een bord met de pittige kant naar boven. Snij de burrata op een apart bord met rand in 4 dikke plakken en leg op elk plakje tomaat een plakje. Bestrooi elk gerecht met een kwart van de basilicum en bestrijk met de achtergehouden burratacrème van het omrande bord.

Besprenkel met olijfolie en azijn en serveer met een vork en een mes.

Voedingswaarde (per 100 g): 153 calorieën 13 g vet 1 g koolhydraten 7 g eiwit 633 mg natrium

Courgette-ricottabeignets met citroen-knoflook-Aioli

Voorbereidingstijd: 10 minuten, plus 20 minuten pauze
Tijd om te koken: 25 minuten
Maaltijden: 4
Moeilijkheidsgraad: moeilijk

Ingrediënten:

- 1 grote of 2 kleine/middelgrote kolven
- 1 theelepel zout, verdeeld
- ½ kopje ricottakaas van volle melk
- 2 lente-uitjes
- 1 groot ei
- 2 teentjes knoflook, fijngehakt
- 2 eetlepels gehakte verse munt (optioneel)
- 2 theelepels citroenschil
- ¼ theelepel versgemalen zwarte peper
- ½ kopje amandelmeel
- 1 theelepel bakpoeder
- 8 eetlepels extra vergine olijfolie
- 8 eetlepels geroosterde knoflookaioli of mayonaise met avocado-olie

Titels:

Doe de geraspte courgette in een vergiet of op meerdere lagen keukenpapier. Bestrooi met ½ theelepel zout en laat 10 minuten staan. Druk nog een laag keukenpapier op de courgette om overtollig vocht vrij te laten en dep ze droog. Roer de uitgelekte courgette, ricotta, bieslook, ei, knoflook, munt (indien gebruikt), citroenschil, het resterende ½ theelepel zout en peper erdoor.

Klop het amandelmeel en bakpoeder erdoor. Roer het bloemmengsel door het courgettemengsel en laat 10 minuten rusten. Bak de beignets in vier porties in een grote pan. Verhit voor elke set van vier 2 eetlepels olijfolie op middelhoog vuur. Voeg 1 volle eetlepel courgettebeslag per beignet toe en druk met de achterkant van een lepel aan om beignets van 2 tot 3 inch te vormen. Dek af en laat 2 minuten braden voordat u het omdraait. Dek af en bak nog eens 2 tot 3 minuten, of tot ze knapperig, goudbruin en gaar zijn. Mogelijk moet u de hitte tot medium verlagen om verbranding te voorkomen. Haal uit de pan en houd warm.

Herhaal dit voor de overige drie batches, waarbij je voor elke batch 2 eetlepels olijfolie gebruikt. Serveer de beignets warm met aioli.

Voedingswaarde (per 100 g): 448 calorieën 42 g vet 2 g koolhydraten 8 g eiwit 744 mg natrium

Gevulde komkommers met zalm

Bereidingstijd: 10 minuten.

Tijd om te koken: 0 minuten

Maaltijden: 4

Moeilijkheidsgraad: Gemakkelijk

Ingrediënten:

- 2 grote komkommers, geschild
- 1 blikje rode zalm (4 ons).
- 1 zeer rijpe middelgrote avocado
- 1 eetlepel extra vergine olijfolie
- Schil en sap van 1 limoen
- 3 eetlepels gehakte verse koriander
- ½ theelepel zout
- ¼ theelepel versgemalen zwarte peper

Titels:

Snijd de komkommer in plakjes van 1 cm dik, schraap met een lepel de zaadjes uit het midden van elk segment en leg ze op een bord. Meng in een middelgrote kom de zalm, avocado, olijfolie, limoenschil en -sap, koriander, zout en peper en mix tot een romig mengsel.

Plaats het zalmmengsel in het midden van elk komkommersegment en serveer koud.

Voedingswaarde (per 100 g): 159 calorieën 11 g vet 3 g koolhydraten 9 g eiwit 739 mg natrium

Geitenkaas en makreelpastei

Bereidingstijd: 10 minuten.

Tijd om te koken: 0 minuten

Maaltijden: 4

Moeilijkheidsgraad: Gemakkelijk

Ingrediënten:

- 4 ons wilde makreel verpakt in olijfolie
- 2 ons geitenkaas
- Schil en sap van 1 citroen
- 2 eetlepels gehakte verse peterselie
- 2 eetlepels gehakte verse rucola
- 1 eetlepel extra vergine olijfolie
- 2 theelepels gehakte kappertjes
- 1 tot 2 theelepels verse mierikswortel (optioneel)
- Crackers, plakjes komkommer, andijvie of selderij, voor erbij (optioneel)

Titels:

Meng in een keukenmachine, blender of grote kom met een staafmixer de makreel, geitenkaas, citroenschil en -sap, peterselie, rucola, olijfolie, kappertjes en mierikswortel (indien gebruikt). Verwerk of mix tot een glad en romig mengsel.

Serveer met crackers, plakjes komkommer, andijvie of bleekselderij. Dek af en bewaar maximaal 1 week in de koelkast.

Voedingswaarde (per 100 g): 118 calorieën 8 g vet 6 g koolhydraten 9 g eiwit 639 mg natrium

De smaak van mediterrane vetbommen

Voorbereidingstijd: 4 uur en 15 minuten

Tijd om te koken: 0 minuten

Maaltijden: 6

Moeilijkheidsgraad: gemiddeld

Ingrediënten:

- 1 kopje verkruimelde geitenkaas
- 4 eetlepels pesto in een pot
- 12 ontpitte Kalamata-olijven, fijngehakt
- ½ kopje fijngehakte walnoten
- 1 eetlepel gehakte verse rozemarijn

Titels:

Klop in een middelgrote kom de geitenkaas, pesto en olijven los en meng goed met een vork. Zet het 4 uur in de vriezer om op te stijven.

Rol het mengsel met je handen in 6 balletjes van ongeveer ¾ inch in diameter. Het mengsel zal plakkerig zijn.

Doe de walnoten en rozemarijn in een kleine kom en rol de geitenkaasballetjes door het walnotenmengsel zodat ze bedekt zijn. Bewaar vetbommen maximaal 1 week in de koelkast of maximaal 1 maand in de vriezer.

Voedingswaarde (per 100 g): 166 calorieën 15 g vet 1 g koolhydraten 5 g eiwit 736 mg natrium

Avocado-gazpacho

Bereidingstijd: 15 minuten.

Tijd om te koken: 10 minuten

Maaltijden: 4

Moeilijkheidsgraad: Gemakkelijk

Ingrediënten:

- 2 kopjes in blokjes gesneden tomaten
- 2 grote rijpe avocado's, gehalveerd en ontpit
- 1 grote komkommer, geschild en zonder zaadjes
- 1 middelgrote paprika (rood, oranje of geel), gehakt
- 1 kopje gewone volle melk Griekse yoghurt
- ¼ kopje extra vergine olijfolie
- ¼ kopje gehakte verse koriander
- ¼ kopje gehakte lente-ui, alleen het groene gedeelte
- 2 eetlepels rode wijnazijn
- Sap van 2 limoenen of 1 citroen
- ½ tot 1 theelepel zout
- ¼ theelepel versgemalen zwarte peper

Titels:

Meng met een staafmixer de tomaten, avocado, komkommers, paprika, yoghurt, olijfolie, koriander, lente-uitjes, azijn en limoensap. Mixen tot een gladde substantie.

Breng op smaak en roer om de smaken te combineren. Serveer koud.

Voedingswaarde (per 100 g): 392 calorieën 32 g vet 9 g koolhydraten 6 g eiwit 694 mg natrium

Crab Cake Saladebekers

Bereidingstijd: 35 minuten.

Tijd om te koken: 20 minuten

Maaltijden: 4

Moeilijkheidsgraad: gemiddeld

Ingrediënten:

- 1 pond gigantische krab
- 1 groot ei
- 6 eetlepels geroosterde knoflookaioli
- 2 eetlepels Dijonmosterd
- ½ kopje amandelmeel
- ¼ kopje gehakte rode ui
- 2 theelepels gerookte paprika
- 1 theelepel selderijzout
- 1 theelepel knoflookpoeder
- 1 theelepel gedroogde dille (optioneel)
- ½ theelepel versgemalen zwarte peper
- ¼ kopje extra vergine olijfolie
- 4 grote blaadjes Bibb-sla zonder dikke stekels

Titels:

Doe het krabvlees in een grote kom, schep eventuele zichtbare schelpen eruit en trek het vlees met een vork uit elkaar. Klop in een kleine kom het ei, 2 eetlepels aioli en Dijon-mosterd door elkaar. Voeg toe aan het krabvlees en meng met een vork. Voeg amandelmeel, rode ui, paprika, selderijzout, knoflookpoeder, dille (indien gebruikt) en peper toe en meng goed. Laat 10 tot 15 minuten bij kamertemperatuur staan.

Vorm 8 kleine koeken met een diameter van ongeveer 2 cm. Kook de olijfolie op middelhoog vuur. Bak het deeg goudbruin, 2 tot 3 minuten aan elke kant. Dek af, zet het vuur laag en kook nog eens 6 tot 8 minuten, of tot het in het midden staat. Haal uit de pan.

Verpak voor het serveren 2 kleine krabbenpoten in elk slablad en besprenkel met 1 eetlepel aioli.

Voedingswaarde (per 100 g): 344 calorieën 24 g vet 2 g koolhydraten 24 g eiwit 804 mg natrium

Wrap met dragon-sinaasappel-kipsalade

Bereidingstijd: 15 minuten.

Tijd om te koken: 0 minuten

Maaltijden: 4

Moeilijkheidsgraad: Gemakkelijk

Ingrediënten:

- ½ kopje gewone volle melk Griekse yoghurt
- 2 eetlepels Dijonmosterd
- 2 eetlepels extra vergine olijfolie
- 2 eetlepels verse dragon
- ½ theelepel zout
- ¼ theelepel versgemalen zwarte peper
- 2 kopjes gekookte geraspte kip
- ½ kopje gehakte amandelen
- 4 tot 8 grote blaadjes Bibb-sla, harde stelen verwijderd
- 2 kleine rijpe avocado's, geschild en in dunne plakjes gesneden
- Schil van 1 clementine of ½ kleine sinaasappel (ongeveer 1 eetlepel)

Titels:

Klop in een middelgrote kom de yoghurt, mosterd, olijfolie, dragon, sinaasappelschil, zout en peper tot een romig mengsel. Voeg de geraspte kip en amandelen toe en meng.

Om de wraps samen te stellen, plaatst u ongeveer ½ kopje van het kipsalademengsel in het midden van elk slablad en belegt u met plakjes avocado.

Voedingswaarde (per 100 g): 440 calorieën 32 g vet 8 g koolhydraten 26 g eiwit 607 mg natrium

Champignons gevuld met fetakaas en quinoa

Bereidingstijd: 5 minuten.

Tijd om te koken: 8 minuten

Maaltijden: 6

Moeilijkheidsgraad: gemiddeld

Ingrediënten:

- 2 eetlepels fijngehakte rode peper
- 1 teentje knoflook
- ¼ kopje gekookte quinoa
- 1/8 theelepel zout
- ¼ theelepel gedroogde oregano
- 24 champignons, zonder steeltjes
- 2 ons verkruimelde fetakaas
- 3 eetlepels volkoren paneermeel
- olijfolie in kookspray

Titels:

Verhit een frituurpan tot 360 ° F. Meng in een kleine kom de paprika, knoflook, quinoa, zout en oregano. Giet de quinoavulling in de champignonhoedjes tot ze net gevuld zijn. Voeg een klein klodder feta toe aan de bovenkant van elke paddenstoel. Strooi op elke champignon een snufje paneermeel over de feta.

Smeer de frituurmand in met kookspray en plaats de champignons voorzichtig in de mand, zorg ervoor dat ze elkaar niet raken.

Plaats het mandje in de friteuse en bak gedurende 8 minuten. Haal uit de friteuse en serveer.

Voedingswaarde (per 100 g): 97 calorieën 4 g vet 11 g koolhydraten 7 g eiwit 677 mg natrium

Falafel met vijf ingrediënten en knoflook-yoghurtsaus

Bereidingstijd: 5 minuten.

Tijd om te koken: 15 minuten

Maaltijden: 4

Moeilijkheidsgraad: moeilijk

Ingrediënten:

- <u>Voor falafel</u>
- 1 (15 ounce) blik kikkererwten, uitgelekt en gewassen
- ½ kopje verse peterselie
- 2 fijngehakte teentjes knoflook
- ½ eetlepel gemalen komijn
- 1 eetlepel volkorenmeel
- Zout
- <u>Voor de knoflook-yoghurtsaus</u>
- 1 kopje magere Griekse yoghurt
- 1 teentje knoflook
- 1 eetlepel gehakte verse dille
- 2 eetlepels citroensap

Titels:

Om falafel te maken

Verhit een friteuse tot 360 ° F. Doe de kikkererwten in een keukenmachine. Roer tot het bijna gehakt is, voeg dan de peterselie, knoflook en komijn toe en laat nog een paar minuten sudderen tot de ingrediënten een deeg zijn.

Voeg de bloem toe. Knipper nog een paar keer totdat ze samenvloeien. Het beslag zal textuur hebben, maar de kikkererwten moeten in kleine stukjes worden gemalen. Rol het deeg met schone handen in 8 gelijke balletjes en pons de balletjes vervolgens lichtjes uit tot schijven van ongeveer ½ dik.

Smeer de frituurmand in met bakspray en plaats de falafelpasteitjes in een enkele laag in de mand, zorg ervoor dat ze elkaar niet raken. Bak 15 minuten in een frituurpan.

Voor het bereiden van een saus met knoflook en yoghurt

Meng yoghurt, knoflook, dille en citroensap. Wanneer de falafel klaar is om te koken en aan alle kanten mooi bruin is, haal hem dan uit de frituurpan en breng op smaak met zout. Serveer warm met een dipsausje.

Voedingswaarde (per 100 g): 151 calorieën 2 g vet 10 g koolhydraten 12 g eiwit 698 mg natrium

Citroengarnalen met knoflook-olijfolie

Bereidingstijd: 5 minuten

Tijd om te koken: 6 minuten

Maaltijden: 4

Moeilijkheidsgraad: gemiddeld

Ingrediënten:

- 1 pond middelgrote garnalen, schoongemaakt en ontdaan van darmen
- ¼ kopje plus 2 eetlepels olijfolie, verdeeld
- Sap van ½ citroen
- 3 teentjes knoflook, fijngehakt en verdeeld
- ½ theelepel zout
- ¼ theelepel rode peper
- Citroenschijfjes, voor serveren (optioneel)
- Marinarasaus, om te dippen (optioneel)

Titels:

Verwarm de friteuse voor op 380 ° F. Voeg garnalen toe met 2 eetlepels olijfolie, citroensap, 1/3 gehakte knoflook, zout en rode pepervlokken en dek goed af.

Meng in een kleine pan de resterende ¼ kopje olijfolie en de resterende gehakte knoflook. Scheur een vel aluminiumfolie van 30 x 30 cm af. Schik de garnalen in het midden van de folie, vouw vervolgens de zijkanten naar boven en vouw de randen om een foliekom te vormen die aan de bovenkant open is. Plaats dit pakket in de frituurmand.

Grill de garnalen gedurende 4 minuten, open vervolgens de friteuse en plaats een schaaltje met olie en knoflook in het mandje naast het pakket garnalen. Kook nog 2 minuten. Leg de garnalen op een serveerschaal of dienblad met een pan knoflook en olijfolie aan de zijkant om te dippen. Indien gewenst kunt u ook serveren met schijfjes citroen en marinarasaus.

Voedingswaarde (per 100 g): 264 calorieën 21 g vet 10 g koolhydraten 16 g eiwit 473 mg natrium

Krokante sperziebonenfriet met citroenyoghurtdip

Bereidingstijd: 5 minuten.

Tijd om te koken: 5 minuten

Maaltijden: 4

Moeilijkheidsgraad: gemiddeld

Ingrediënten:

- <u>Voor sperziebonen</u>
- 1 ei
- 2 eetlepels water
- 1 eetlepel volkorenmeel
- ¼ theelepel paprikapoeder
- ½ theelepel knoflookpoeder
- ½ theelepel zout
- ¼ kopje volkoren broodkruimels
- ½ pond hele sperziebonen
- <u>Voor de citroen-yoghurtsaus</u>
- ½ kopje magere Griekse yoghurt
- 1 eetlepel citroensap
- ¼ theelepel zout
- 1/8 theelepel cayennepeper

Adres:

Voor het bereiden van sperziebonen

Verwarm de friteuse voor op 380 ° F.

Klop in een middelgrote ondiepe kom het ei en het water tot het schuimig is. Klop in een andere ondiepe, middelgrote kom de bloem, paprikapoeder, knoflookpoeder en zout door elkaar en roer vervolgens het broodkruim erdoor.

Smeer de bodem van de friteuse in met kookspray. Doop elke sperzieboon in het eimengsel, vervolgens in het paneermeelmengsel en bestrooi de buitenkant met het paneermeel. Verdeel de sperziebonen in een enkele laag op de bodem van de frituurmand.

Bak het brood 5 minuten in de frituurpan of tot het brood goudbruin kleurt.

Voor het bereiden van citroen-yoghurtsaus

Meng yoghurt, citroensap, zout en cayennepeper. Serveer de friet met sperziebonen samen met de citroenyoghurtdip als tussendoortje of aperitiefhapje.

Voedingswaarde (per 100 g): 88 calorieën 2 g vet 10 g koolhydraten 7 g eiwit 697 mg natrium

Huisgemaakte pitabroodjes met zeezout

Bereidingstijd: 2 minuten.

Tijd om te koken: 8 minuten

Maaltijden: 2

Moeilijkheidsgraad: Gemakkelijk

Ingrediënten:

- 2 volkoren taarten
- 1 eetlepel olijfolie
- ½ theelepel koosjer zout

Titels

Verwarm de friteuse voor op 360 ° F. Snijd elke taart in 8 plakjes. Meng de taartplakken, de olijfolie en het zout in een middelgrote kom totdat de plakjes bedekt zijn en de olijfolie en het zout gelijkmatig verdeeld zijn.

Verdeel de pitabroodjes in een gelijkmatige laag in de frituurmand en bak ze 6 tot 8 minuten.

Voeg indien gewenst extra zout toe. Serveer alleen of met je favoriete saus.

Voedingswaarde (per 100 g): 230 calorieën 8 g vet 11 g koolhydraten 6 g eiwit 810 mg natrium

Gebakken Spanakopita-dip

Bereidingstijd: 10 minuten.

Tijd om te koken: 15 minuten

Maaltijden: 2

Moeilijkheidsgraad: gemiddeld

Ingrediënten:

- olijfolie in kookspray
- 3 eetlepels olijfolie, verdeeld
- 2 eetlepels gehakte witte ui
- 2 fijngehakte teentjes knoflook
- 4 kopjes verse spinazie
- 4 ons roomkaas, verzacht
- 4 ons fetakaas, verdeeld
- Schil van 1 citroen
- ¼ theelepel gemalen nootmuskaat
- 1 theelepel gedroogde dille
- ½ theelepel zout
- Pita chips, wortelstokjes of gesneden brood om te serveren (optioneel)

Titels:

Verwarm de friteuse voor op 360 ° F. Smeer de binnenkant van een 6-inch pan in met anti-aanbakspray.

Verhit 1 eetlepel olijfolie in een grote koekenpan op middelhoog vuur. Voeg ui toe en kook gedurende 1 minuut. Voeg de knoflook toe en bak al roerend nog 1 minuut.

Zet het vuur laag en roer de spinazie en het water erdoor. Kook tot de spinazie zacht wordt. Haal de pan van het vuur. Meng in een middelgrote kom roomkaas, 60 gram feta en de resterende olijfolie, citroenschil, nootmuskaat, dille en zout. Meng tot gecombineerd.

Voeg de groenten toe aan de kaasbasis en roer tot alles net gemengd is. Giet het sausmengsel in de voorbereide pan en bedek met de resterende 60 gram feta.

Doe de saus in het frituurmandje en laat 10 minuten koken, of tot hij warm is en borrelt. Serveer met pitabroodjes, wortelstokjes of gesneden brood.

Voedingswaarde (per 100 g): 550 calorieën 52 g vet 21 g koolhydraten 14 g eiwit 723 mg natrium

Dip van geroosterde parelui

Bereidingstijd: 5 minuten.

Tijd om te koken: 12 minuten plus 1 uur cooldown

Maaltijden: 4

Moeilijkheidsgraad: gemiddeld

Ingrediënten:

- 2 kopjes gepelde pareluien
- 3 teentjes knoflook
- 3 eetlepels olijfolie, verdeeld
- ½ theelepel zout
- 1 kopje magere Griekse yoghurt
- 1 eetlepel citroensap
- ¼ theelepel zwarte peper
- 1/8 theelepel rode pepervlokken
- Pita chips, groenten of toast om te serveren (optioneel)

Titels:

Verwarm de friteuse voor op 360 ° F. Meng in een grote kom de zilveruitjes en knoflook met 2 eetlepels olijfolie tot de uien goed bedekt zijn.

Giet het knoflook-uienmengsel in de frituurmand en gril gedurende 12 minuten. Doe de knoflook en ui in een keukenmachine. Pulseer de groenten een paar keer tot de ui fijngehakt is maar nog wel wat stukjes bevat.

Voeg de knoflook en ui en de resterende eetlepel olijfolie toe, samen met het zout, de yoghurt, het citroensap, de zwarte peper en de rode pepervlokken. Laat het 1 uur afkoelen voordat u het serveert met pitabroodjes, groenten of toast.

Voedingswaarde (per 100 g): 150 calorieën 10 g vet 6 g koolhydraten 7 g eiwit 693 mg natrium

rode pepertapenade

Bereidingstijd: 5 minuten.

Tijd om te koken: 5 minuten

Maaltijden: 4

Moeilijkheidsgraad: gemiddeld

Ingrediënten:

- 1 grote rode paprika
- 2 eetlepels plus 1 theelepel olijfolie
- ½ kopje Kalamata-olijven, ontpit en in plakjes gesneden
- 1 teentje knoflook
- ½ theelepel gedroogde oregano
- 1 eetlepel citroensap

Titels:

Verwarm de friteuse voor op 380 ° F. Bestrijk de buitenkant van een hele rode paprika met 1 theelepel olijfolie en plaats deze in de frituurmand. Grill gedurende 5 minuten. Meng ondertussen in een middelgrote kom de resterende 2 eetlepels olijfolie met de olijven, knoflook, oregano en citroensap.

Haal de rode paprika uit de friteuse, snijd voorzichtig de steel af en verwijder de zaadjes. Snijd de geroosterde paprika in kleine stukjes.

Voeg de rode paprika toe aan het olijvenmengsel en roer tot alles gemengd is. Serveer met pitabroodjes, crackers of knapperig brood.

Voedingswaarde (per 100 g): 104 calorieën 10 g vet 9 g koolhydraten 1 g eiwit 644 mg natrium

Griekse aardappelschil met olijven en fetakaas

Bereidingstijd: 5 minuten.

Tijd om te koken: 45 minuten

Maaltijden: 4

Moeilijkheidsgraad: moeilijk

Ingrediënten:

- 2 rode aardappelen
- 3 eetlepels olijfolie
- 1 theelepel koosjer zout, verdeeld
- ¼ theelepel zwarte peper
- 2 eetlepels verse koriander
- ¼ kopje in blokjes gesneden Kalamata-olijven
- ¼ kopje verkruimelde fetakaas
- Gehakte verse peterselie, voor garnering (optioneel)

Titels:

Verhit een frituurpan tot 380° F. Prik met een vork 2 tot 3 gaten in de aardappelen en bestrijk ze vervolgens met ongeveer ½ eetlepel olijfolie en ½ theelepel zout.

Doe de aardappelen in de frituurmand en bak ze 30 minuten. Haal de aardappelen uit de frituurpan en snijd ze doormidden. Schraap het vruchtvlees van de aardappelen met een lepel, laat een laag aardappel van ½ inch in de schil achter en zet opzij.

Meng de aardappelhelften in een middelgrote kom met de resterende 2 eetlepels olijfolie, ½ theelepel zout, zwarte peper en koriander. Meng tot alles goed gemengd is. Verdeel de aardappelvulling over de nu lege aardappelschillen en verdeel ze gelijkmatig erover. Bestrooi elke aardappel met een lepel olijven en fetakaas.

Plaats de geladen aardappelschillen terug in de friteuse en bak gedurende 15 minuten. Serveer met extra gehakte koriander of peterselie en een scheutje olijfolie, indien gewenst.

Voedingswaarde (per 100 g): 270 calorieën 13 g vet 34 g koolhydraten 5 g eiwit 672 mg natrium

Platbrood van artisjok en olijven

Bereidingstijd: 5 minuten.

Tijd om te koken: 10 minuten

Maaltijden: 4

Moeilijkheidsgraad: Gemakkelijk

Ingrediënten:

- 2 volkoren taarten
- 2 eetlepels olijfolie, verdeeld
- 2 fijngehakte teentjes knoflook
- ¼ theelepel zout
- ½ kopje gesneden artisjokharten uit blik
- ¼ kopje Kalamata-olijven
- ¼ kopje geraspte Parmezaanse kaas
- ¼ kopje verkruimelde fetakaas
- Gehakte verse peterselie, voor garnering (optioneel)

Titels:

Verwarm de friteuse voor op 380 ° F. Bestrijk elke taart met 1 eetlepel olijfolie en strooi er gehakte knoflook en zout over.

Verdeel de artisjokharten, olijven en kaas gelijkmatig over de twee taarten en plaats beide in de friteuse en bak ze gedurende 10 minuten. Verwijder de taarten en snij ze in 4 stukken voordat u ze serveert. Bestrooi eventueel met peterselie.

Voedingswaarde (per 100 g): 243 calorieën 15 g vet 10 g koolhydraten 7 g eiwit 644 mg natrium

www.ingramcontent.com/pod-product-compliance
Lightning Source LLC
Chambersburg PA
CBHW071859110526
44591CB00011B/1473